宋颖桃 ■ 著

西安店名与城市文化研究

Xi'an Store Names and City Culture

中国社会科学出版社

图书在版编目(CIP)数据

西安店名与城市文化研究/宋颖桃著. —北京：中国社会科学出版社，2024.1
ISBN 978-7-5227-3207-7

Ⅰ.①西… Ⅱ.①宋… Ⅲ.①城市文化—文化史—研究—西安②商店—专有名称—研究—西安 Ⅳ.①K294.11②F717

中国国家版本馆 CIP 数据核字(2024)第 052620 号

出 版 人	赵剑英	
责任编辑	慈明亮　梁世超	
责任校对	李　锦	
责任印制	戴　宽	
出　　版	中国社会科学出版社	
社　　址	北京鼓楼西大街甲 158 号	
邮　　编	100720	
网　　址	http://www.csspw.cn	
发 行 部	010-84083685	
门 市 部	010-84029450	
经　　销	新华书店及其他书店	
印刷装订	北京君升印刷有限公司	
版　　次	2024 年 1 月第 1 版	
印　　次	2024 年 1 月第 1 次印刷	
开　　本	880×1230　1/32	
印　　张	6.875	
插　　页	2	
字　　数	151 千字	
定　　价	59.00 元	

凡购买中国社会科学出版社图书，如有质量问题请与本社营销中心联系调换
电话：010-84083683
版权所有　侵权必究

目 录

绪 论 …………………………………………………（1）

第一章 西安城市建设及商业发展的历史 …………（7）
  第一节 西安城市建设的历史 …………………（7）
  第二节 西安商业发展的历史 …………………（12）

第二章 清末至新中国成立前的西安店名与西安
       城市文化 ……………………………………（22）
  第一节 清末至新中国成立前西安店名的
         语言特点 ……………………………（22）
  第二节 清末至新中国成立前西安店名所反映的
         西安城市文化 ………………………（28）

第三章 新中国成立至20世纪末西安店名与西安
       城市文化 ……………………………………（33）
  第一节 新中国成立至20世纪末西安店名的
         语言特点 ……………………………（33）

第二节　新中国成立至 20 世纪末西安店名反映的
　　　　　　城市文化 ………………………………………（42）
　　第三节　新中国成立至 20 世纪末部分西安老店的
　　　　　　发展变迁 ………………………………………（47）

第四章　21 世纪以来西安店名的语言特点 …………（52）
　　第一节　21 世纪以来西安店名的语码构成 …………（53）
　　第二节　21 世纪以来西安店名的音节数量 …………（57）
　　第三节　21 世纪以来西安店名的构成及各部分
　　　　　　用字用词分析 …………………………………（60）
　　第四节　21 世纪以来西安店名的语法结构 …………（79）
　　第五节　21 世纪以来西安店名的修辞特点 …………（82）
　　第六节　21 世纪以来西安店名中的不规范现象及其
　　　　　　改进建议和措施 ………………………………（88）
　　第七节　21 世纪以来西安店铺命名的行业规律和
　　　　　　命名建议 ………………………………………（102）

第五章　21 世纪以来西安店名反映的城市文化 ………（109）
　　第一节　21 世纪以来西安店名反映的本土文化 ……（109）
　　第二节　21 世纪以来西安店名反映的外来文化 ……（112）
　　第三节　21 世纪以来西安店名反映的传统文化 ……（115）
　　第四节　21 世纪以来西安店名反映的现代文化 ……（120）

**第六章　21 世纪以来西安城市文化对西安店铺
　　　　　命名的影响** …………………………………（124）
　　第一节　西安整体的城市布局、商业发展规划
　　　　　　对店铺命名的影响 ……………………………（124）

第二节　西安特色商业街区的文化氛围对店铺
　　　　命名的影响 ………………………………（131）

余　论 ……………………………………………（148）
参考文献 …………………………………………（156）
附录一　清末至新中国成立前的西安店名
　　　　（共计121个）………………………（159）
附录二　新中国成立至20世纪末的西安店名
　　　　（共计267个）………………………（161）
附录三　21世纪以来的西安店名（共计5282个）……（165）
后　记 ……………………………………………（213）

绪　　论

一　选题缘起

店名就是店铺的名称、代码，是顾客了解店铺的第一要素。店名起源于商业发展的需要，当商品交易有了固定的活动地点和经营场所，店铺便产生了，店名也随之产生。"最初的店名就是为了吸引顾客、宣传产品等需要而制作的实物标志的幌子。商店招牌在我国已经有上千年的历史了，但是，作为最早的商业形式的商店招牌究竟出现于何时，已无从考证。"[①] 古代的手工业最初是以家庭小作坊的形式进行生产，因此店铺多以姓氏命名。随着社会生产力的发展，社会化大生产代替个体手工作坊，人们的商业观念、价值观念和审美观念发生改变，不同时期的店铺命名呈现出不同的特点，命名形式越来越多样化。

语言是音义结合的符号系统，是人类最重要的交际工具、思维工具和认知工具。"文化是人类创造的物质财富和精神

[①] 钱理、王军元：《商店名称语言》，汉语大辞典出版社2005年版，第2页。

财富的总和，文化包括人的生产生活活动所产生的种种产品、结果或遗迹等物质方面的内容，也包括人的行为方式、思维方式、实践能力，甚至社会活动的组织形式等方面的内容，还包括人的知识、信仰、艺术、道德、法律、习俗、观念等精神方面的内容。"[1] 语言和文化关系密切，"语言既是文化的重要载体，也是文化的重要组成部分"[2]。语言反映文化，文化影响语言，二者具有双向互动的关系。作为一种日常生活中的商业现象，店名紧贴生活，突出商业信息，体现店铺的商品种类、经营特色以及店主的商业追求和审美情趣，承载着丰富的文化意蕴。城市店名是一种重要的城市语言，是城市文化的风景线和晴雨表。城市店名既是商家经营理念的外化，也是城市文化的重要组成部分和传播窗口。通过形形色色的城市店名，我们可以了解城市的商业动态、文化特色和市民的文化心理。总之，一方面，城市店名可以展现并塑造城市文化形象；另一方面，城市的整体文化氛围会对店铺命名产生一定的影响，城市店名与城市文化具有互动关系。

西安地处我国中西部的结合地带，是连接我国华北、西北、西南的交通要道，是西北最大的交通枢纽，具有承东启西与沟通南北的区位优势并发挥着战略桥头堡的作用。自汉代开通"丝绸之路"以后，西安曾长期成为中西方陆路交通的枢纽，是与古罗马城齐名的国际大都会，是中国四大古都

---

[1] ［英］泰勒：《原始文化》，连树声译，上海文艺出版社1992年版，第24页。

[2] 苏新春：《文化语言学教程》，外语教学与研究出版社2006年版，第50页。

之一，是联合国科教文组织确定的"世界历史名城"，是国务院批复确定的西部中心城市、国家中心城市。文化是城市的名片，是城市的灵魂，是城市的核心竞争力，西安作为具有悠久历史的古都，在国家中心城市建设过程中要充分利用历史文化资源，凸显西安城市文化个性，努力打造"人文西安"，建设现代化国际化大都市。西安店名作为西安城市文化的名片，体现了西安城市文化的特色，反映了西安城市文化的内涵。同时西安城市总体的文化氛围对于西安店铺的命名，也具有重要的影响。

二 研究意义

研究西安店名与西安城市文化的互动关系，可以观察西安商界人士的经商理念、人文追求，了解西安城市发展历史，读懂西安；可以帮助店家提升店铺的文化内涵，提高行业竞争力，为商家带来直接的经济效益；可以促进西安店名规范化，助力西安城市文化建设，提升西安城市文化品位，增强西安城市文化竞争力。

西安作为中国西北部的一个中心城市，既有自己的地域个性，又与全国其他城市具有一些共性，研究西安店名和西安城市文化的关系，对于全国其他城市的店名和城市文化的互动研究也具有直接的促进作用。店名作为一种日常语言应用现象，承载了人们的价值观念、审美追求、社会风尚。研究不同时期的西安店名，有助于了解汉语和汉文化的历时发展和嬗变。

三 国内外研究现状

关于店名的研究成果比较丰富，专著有钱理和王军元的《商店名称语言》（2005）和李洪彩的《店名文化传播研究》（2018）。前者主要论述了店名的历史发展、语言本体特征、命名艺术、流行趋势、文化内涵、中华老字号的语言特征以及网店的语言特点；后者主要从文化传播的角度，论述了作为文化传播符号的店名，店名文化的传播语境、传播策略、传播类型、传播效果、传播问题与对策等方面的内容，对店名进行了全新视域下的分析研究，为建立一个相对完整的店名文化传播研究体系进行了一次有意义的尝试。

关于店名的研究论文主要分为以下几个方面：（1）从语言本体角度研究店名，如店名的语音特点、词汇特点、语法结构以及修辞特点，代表作有康琳的《大连餐饮业店名的语言学研究》（2021）、田蕾的《武汉市中餐馆店名的语言学研究》（2018）；（2）从社会语言学角度研究店名构成部分（即属名、业名、通名）的组合关系、店铺名称与时代和社会生活之间的共变关系，如郑梦娟的《当代商业店名的社会语言学分析》（2006）、马红波的《安阳市区店名的社会语言学分析》（2013）、付冬薇的《广州餐饮业店名的社会语言学考察》（2011）；（3）从文化语言学的角度研究店名的文化内涵，并对其名称进行文化溯源，如刘宁生的《关于店名的综合研究——商业语言心理研究之一》（1991）、孟昭泉的《郑州市（区、县）店名文化调查报告》（1999）；（4）从命名艺术的角度分析店名的命名方式，如朱晶松的《浅析当代店名的命名方式》(2009);(5)从语用学角度研究步行街店名的语用生态伦理和语用规约,如潘峰的《步行街店名语符的语用生态伦理及其语用规约——以湖北五市区步行街店名为例》(2018);(6)从语言学角度研究店名的功能,如张晓旭的《语言学视角下的店名功能研究》(2009);(7)店名的规范化研究,如陈姝金的《当代中国商号命名的问题与对策》(1995)、赵爱英的《店名语言的恶俗化与矫治对策》(2008)、胡惠的《铜陵市店名的用字及规范》(2015)。

目前学界关于店名的研究成果比较丰富,但是关于西安店名的研究成果相对较少。侯晓红的硕士学位论文《西安市饭店名称的语言与文化分析》(2017)探讨了西安市饭店名称的词汇构成以及语言特点,揭示了饭店名称语言特点背后的文化内涵。毛奕博的硕士学位论文《西安市餐饮业招牌名称的语言学研究》(2016)运用社会语言学和修辞学方面的理论探讨了西安餐饮店名的语言特征及其反映的社会文化,并对西安餐饮业店名在用字用语上存在的问题进行了简要分析。此外还有笔者的论文《西安店名的文化释读》(2008)、《论丝绸之路经济带背景下西安茶馆店名与城市文化的互动关系》(2018),以及指导学生撰写并发表的论文《西安店名的结构分析》(2014)、《西安店名的文化内涵解析》(2014)等。

四 本书的主要研究内容及研究方法

本书首先纵向梳理了西安城市建设和商业发展的历史,在此基础上,按照时间顺序将西安店名与西安城市文化的互动研究分为清末至新中国成立前、新中国成立至20世纪末、

21 世纪以来这三个阶段。通过文献资料查阅，共搜集整理了清末至新中国成立前的西安店名 121 个，新中国成立至 20 世纪末的西安店名 267 个；通过实地调查，共搜集整理了 21 世纪以来的西安店名 5282 个。本书运用语言学的相关理论，详细深入地梳理西安店名的语言特点，同时指出西安店名中的不规范现象，并提出规范化的建议和措施；运用文化语言学的相关理论，分析西安店名反映的西安城市文化，以及西安城市文化对西安店铺命名的影响，揭示西安店名和西安城市文化之间的互动关系。

本书在数据统计的基础上，精确详细地分析西安店名的语言特点，将定量统计与定性分析紧密结合。本书既研究某一共时状态下，西安店名和西安城市文化之间的横向互动关系，又纵向梳理不同时期西安店名和西安城市文化的历史变迁及其相互影响，重点关注 21 世纪以来西安店名与西安城市文化的互动关系，将共时研究与历时研究相结合。

第一章 西安城市建设及商业发展的历史

第一节 西安城市建设的历史

西安古称长安,也简称"镐",是古代"丝绸之路"的起点,是中华文明和中华民族的发源地,是世界闻名的历史文化名城。西安是我国七大古都之首,也是世界四大古都之一。历史上曾经有西周、秦、西汉、新、东汉、西晋、前赵、前秦、后秦、西魏、北周、隋、唐共13个王朝在此定都。西安作为古都,是我国历史上建都王朝最多、建都时间最长、历史影响最为深远的一个城市。西安的历史文化非常深厚,人们常说,要了解一千年前的中国必须到北京,要了解三千年前的中国必须到西安,可见西安在整个中国历史文化中的重要地位与价值。

西安位于关中平原的中部,地处渭河下游平原最开阔的地带,南傍秦岭,北依渭河,山川秀美,人杰地灵。关中平原是中华文化和华夏文明的发祥地,早在远古的旧石器时代与新石器时代,就先后有蓝田猿人与半坡人在此繁衍生息,在古代历史上也曾长期作为中国政治、经济、文化的中心。因为关中盆地地处我国中心腹地,在东部函谷关和潼关、西部散关、南部武关、北部萧关的护卫之中,有"秦中自古帝王都"的说法,西安在历史上长期作为全国的政治、经济和文化中心与它的自然地理环境密切相关①,同时也是深厚历史文化积淀的产物。

西安在距今 6000 多年的半坡时代就已经产生了城市的雏形,而真正作为有文献资料记载且与考古发现相印证的城市,应当从距今 4000 年左右的周原"京"城算起。4000 多年前,周部落的首领古公亶父率领族人到达周原(今陕西岐山、扶风两县之间),建造周部落的都城"京"②。之后周部落不断发展,周文王时在沣河岸边修建了新的都城丰京,这是西安作为古都最早的名称,后来武王为了讨伐纣王,又在滈水旁修建了镐京,丰京和镐京隔河相望。周朝灭商之后,丰镐二京成为西周的政治、经济和文化中心。西周后期,申侯与犬戎进攻镐京,周幽王被杀,丰镐二京遭到很大的破坏。周平王时将都城东迁至洛阳,丰镐二京被废弃,西汉武帝时丰镐二京沉入水底,成为当时汉军的水军操练场。

春秋战国时期的秦国,在秦穆公、秦献公和秦孝公的变法图强、励精图治的努力下,变得越来越强大,最终战胜六

---

① 黄新亚:《三秦文化》,辽宁教育出版社 1995 年版,第 35 页。
② 朱士光、吴宏岐:《古都西安——西安的历史变迁与发展》,西安出版社 2003 年版,第 112 页。

国,建立了统一的秦王朝。秦献公时将都城从雍城(今陕西凤翔南)迁到了栎阳(今陕西临潼),秦孝公时又从栎阳迁都到了渭水北岸的咸阳。咸阳作为第一个天子之都,恢宏壮丽。秦始皇不惜花费巨大的人力、物力和财力去营建咸阳,每消灭一个诸侯国,就在咸阳附近按照各国宫殿复制建造一处宫殿,极其奢华。

秦末暴政,激起民愤,各地发动了起义。在反秦的起义队伍之中,楚汉相争,最终刘邦战胜项羽,建立了西汉王朝。因为当时秦都咸阳已经破败不堪,于是刘邦在渭河南岸的龙首原另建新都,借用一个村子的名字,取名"长安",希望西汉王朝能够长治久安,这也是古都长安名称的由来。

魏晋时期长安先后成为西晋惠帝和愍帝、前赵、前秦、后秦、西魏、北周等政权的国都,是各方政治力量决斗和厮杀的战场。581年杨坚灭掉北周,建立隋朝,再次实现了全国的统一。因长安城屡遭战火,残破不堪,太子左庶子宇文恺奉命在龙首原南部另建新城,称为大兴城。隋代大兴城的建造,是中国都城发展史上的一个重要的里程碑,为唐长安城的建立打下了坚实的基础。618年,李渊推翻隋朝,建立唐朝,改都城"大兴"为"长安",并于625年实现了全国统一。626年,李世民发动玄武门之变,从父亲和哥哥手中夺取皇权,成为唐太宗。唐代长安城基本沿袭了隋代城市的格局,整个城市包括外郭城、宫城、皇城三部分。唐代的长安城规模宏大,交通便利,是当时中国的政治、经济和文化中心,此外,它还同时与世界上很多国家都有贸易往来和文化交流,是世界上最繁荣的贸易中心。唐代长安城是中国古代国都的代表,体现了高度发达的中国古代文化。①

904年唐朝灭亡之后,在五代、宋、金、元、明、清等政权的统治之下,西安不再是国都,而成为西北地区的行政、经济与文化中心,是各个封建王朝安抚西北、控制西南的军事重镇和交通要道。唐末的军阀混战对长安城造成了极大的破坏,随着唐朝的衰落和灭亡,长安城也从繁荣辉煌走向了破落和衰败。唐代末年,唐昭宗迁都洛邑(今河南洛阳),佑国军节度使韩建将长安皇城缩小改建为五代新城,主要用于军事镇守。北宋和金沿袭唐朝建制,将"长安"改为"京兆府",主要用作对西夏作战的军事要地。1272年,元世祖忽必烈将"京兆府"改为"安西府",主要用于控制西北和西南的军事力量,后因安西王叛乱,1312年,元世祖将"安西府"改为"奉元路"。

1369年,明太祖朱元璋改"奉元路"为"西安府",这是"西安"这一名称的首次出现。明太祖朱元璋派自己的儿子朱爽驻守西安,封为秦王,并修建了秦王府,此后,秦王府便成为西安城的中心。清顺治二年(1645),清军攻占西安府。清政府将西安府作为西北重要的军事阵地,成为控制西北、西南地方的军事力量。它在西安府城东北的位置,即原明代秦王府的地方修建满城,驻扎满族八旗官兵和亲眷,又在西安府城东南的位置,修建南城,驻扎汉族官兵,整个城市充满鲜明的军事化色彩。西安府是当时整个西北地区的政治和军事中心,也是重要的经济和文化中心。

---

① 冯艳阳:《那时长安》,陕西人民出版社2013年版,第78页。

1911年10月10日辛亥革命爆发，清王朝被推翻，民国建立。1911年10月23日起义军攻克满城。1912年，陕西都督府下令拆除满城。1927年11月，陕西省政府设立西安市，这是西安首次设市。1928年，西安市政府将原满城地区命名为新城区。1931年"九一八"事变爆发，国民政府决定以长安为陪都，定名为"西京"，建立了西京筹备委员会。西京筹备委员会既注重保护西安的文物古迹，又着眼于西安城市的未来建设，对西安市的分区提出了具体可行的方案，分为文化古迹区、行政区、商业区、工业区、农业区、风景区，并且在历史古迹的保护、城市交通、建筑、水利、绿化等方面提出了很多周密科学的方案和计划，后因国民政府取消了西京陪都计划而未能实施。西京筹备委员会的城市建设规划对后来西安的城市规划及其发展，产生了重要的影响。

新中国成立之后，西安市人民政府于1950年5月25日成立，它按照国家"保护古都风貌与推进现代化建设相结合"的方针政策以及"充分利用，基本改建"的原则不断加快城市建设，使西安成为全国第一个五年计划期间重点建设的八大城市之一。

1958年到1976年，西安城市建设走过一段急躁冒进的弯路。1978年党的十一届三中全会以后，随着改革开放的深入推进，西安也进入了全面发展的新阶段。改革开放四十多年来，西安已由一个消费性城市转变为一个生产型城市，构建起东郊军工城及纺织城、西郊电工城、南郊文教城、北郊行政区域与文物保护区，以及明代城墙内的商业区的城市总体框架，成为我国北方中西部最大的经济、商贸、金融、信息、文化中心和国际旅游热点城市。①

综上所述,西安城市建设发展经历了"农业社会到工业化社会的过渡和向后工业化社会的不断发展,由权力中心结构向经济中心结构再向现代信息生活网络结构不断发展的螺旋式上升过程"②。面向21世纪,西安市政府在《西安建设外向型城市战略纲要》中指出:通过建设,到21世纪中叶,使西安使成为一个经济发达、科技先进、文化底蕴深厚、生态环境良好、既具有历史文化特色又具有现代文明的国际化大都市。③

第二节 西安商业发展的历史

生活在西安东郊的距今六七千年的半坡人,以农业生产为主,也兼及畜牧和渔猎。随着剩余产品的出现,氏族部落之间便有了物物交换,这是原始商业的萌芽。"《易·系辞》中有:'神农以日中为市,致天下之民,聚天下之货,交易而退,各得其所。'"④ 神农发明的物物交易,打下了商业发展的基础。

殷商时代,由于手工业与农业的分工,产品交换的范围越来越广,商业慢慢开始兴盛,出现了商品交换的一般等价

---

① 陈平原、王德威、陈学超:《西安:都市想象与文化记忆》,北京大学出版社2009年版,第334页。
② 朱士光、吴宏岐:《古都西安——西安的历史变迁与发展》,西安出版社2003年版,第60页。
③ 西安市统计局编:《西安五十年》,中国统计出版社1999年版,第8页。
④ 薛平拴:《古都西安——长安商业》,西安出版社2005年版,第2页。

物——贝和专门从事商品交换的职业阶层。因为商部族善于经营商业,周人便把从事这种行业的人称为"商人",这是"商人"这个名称的来历。

西周时期,生产水平较商代有了一定的提高,周王朝重视商业的发展,大力扶植官营商业,官营商业控制着整个镐京的商业。周王朝一方面驱使商业奴隶到远方从事贩运贸易,一方面在镐京市场坐市贩卖。西周武王时,镐京成为"东贾齐鲁,南贾梁楚"的西周商业中心。四方的诸侯封国也以商业贸易的方式来镐京朝贡,进献贡物。丰镐也是当时西周的国际贸易中心。①

西周时期,市场是建在王宫后面的。《周礼·考工记》中有"匠人营国,方九里,旁三门,国中九经九纬,经涂九轨,左祖右社,前朝后市,市朝一夫"的描述。西周镐京的市场根据交易时间、交易对象和交易地区可以分为三个:朝市、大市和夕市。朝市主要是批发市场,交易时间主要是早上,交易的商品主要是珠宝、珍奇异物和土特产品,参加交易的人员主要是外来客商与本地坐商。大市主要是零售市场,从正午时分开始交易,经营的商品主要是奴隶、珍奇货物、牛马等,参加交易的人员主要是奴隶主贵族或富裕的平民。夕市也是零售市场,交易时间在太阳落山至黄昏时分,主要商品是农副产品,交易人员主要是贩夫走卒与平民百姓。这样的三个市场满足了不同阶层人群的生活需求。②

---

① 薛平拴:《古都西安——长安商业》,西安出版社2005年版,第5页。
② 刘志宽、谬克沣、胡俞越:《十大古都商业史略》,中国财政经济出版社1990年版,第7页。

秦始皇统一六国之后，通过拆毁各种关塞壁垒，以咸阳为中心修筑驰道，方便了各地的交通往来；通过统一货币，统一度量衡，促进了各地之间的经济往来和商品交换；通过迁徙天下富豪于咸阳，刺激了咸阳的消费，促进了咸阳商业的繁荣。秦都咸阳的市场主要有直市和咸阳市：直市位于咸阳南部，物价公平稳定，故称直市；咸阳市是咸阳城内最大的固定市场，商贾众多，百货云集，有严格的管理制度。秦朝虽然实行了重农抑商的政策，但国家的统一、交通的便利、货币和度量衡的统一，这些都为秦国商业的发展创造了有利的条件，促进了商业的发展。

汉朝初年，统治者采取了奖励耕战、减轻赋税、节衣省食、发展生产的休养生息、无为而治的措施，还实行了经济放任政策，下放了冶铁、煮盐、铸钱等权力，允许商人自由生产、自由运销。经过了七十多年的不断积累，汉朝的经济得到了极大的恢复和发展，推动了汉代长安商业的繁荣与发展。

由于西汉王朝实行自由的商业贸易政策，尤其是张骞出使西域之后，国内外商人云集长安，长安成为全国的商业中心。"据《三辅黄图》中记载，长安有九市，以当时的横门大街为界，东面有三市，合称东市，西面有六市，合称西市。"[①] 汉代的市场兴旺繁荣，商品琳琅满目，种类丰富多样，行业分化也更加细致。除了城内的东市和西市之外，还有城外的一些市场，如城南的槐市，城西的柳市，城北的直市、交门市和交道亭市等。

---

① 薛平拴：《古都西安——长安商业》，西安出版社2005年版，第45页。

长安是当时全国最大的商业中心,也是当时世界上最重要的国际贸易中心城市。张骞出使西域的"凿空之行"开辟了闻名中外的"丝绸之路",在"丝绸之路"上,西域各种各样的商品如毛布、毡毯、皮毛、玉石、良马等进入长安,长安的丝麻织品、铜器、漆器、药材、铁器也源源不断地运往西域,中西商品与文化交流非常频繁与活跃。

魏晋南北朝是中国历史上的分裂时期,社会动荡,战争不断,长安先后成为西晋惠帝和愍帝、前赵、前秦、后秦、西魏、北周等政权的国都,是各方政治力量决斗和厮杀的战场,长安的商业和社会经济发展屡遭破坏,前进的步伐艰难而曲折。

581年杨坚灭掉北周,建立隋朝,再次实现了全国的统一。虽然隋朝统治时间只有短短的38年,但是隋朝所建立的政治、经济、军事制度等发挥了承前启后的作用,为后来大唐王朝的繁荣富强创造了条件、奠定了基础。隋唐时期,国家统一,社会安定,水陆交通发达,农业和手工也有极大发展,这些都促进了商业的发展。隋唐长安商业市场的设置废弃了之前的"面朝后市"的传统,采取集中市场的方式。市场主要分为东市和西市。东市在皇城东南,隋朝时称为"都会市";西市位于皇城西南,隋朝时称为"利人市"。东西二市是长安城中最重要的商业市场,规模宏大,设置完备,管理完善,市场繁荣,超过了前代任何城中的市场。居民区内分为若干坊,排列整齐,相互对称,坊间分布有很多商业区。

隋唐时期,商品交易有严格的地点,实行坊市分离的制度:坊是居民区,市是交易场所,严禁在居民区进行商业活动。唐代长安市场货物种类齐全,商贾云集,店铺数量多。据史书记载,唐代市场上经营的商品种类有粮食、纺织品、食品、服装、皮革、花卉、水产品、饮料、燃料、生活用具、生产用具等23个大类。有大量的金银珠玉、珍奇古玩等奢侈品在市场出售,一来供应王公贵族,二来供应富商大贾,奢侈品交易在整个市场上占据一定的比重。市场内店铺相当繁多,东西二市有大量的"肆",如茶肆、酒肆、衣肆、帛肆、鞋肆、药肆、书肆、鱼肆、饼肆等。"史书记载,东市'四面立邸,四方珍奇,皆所积集',来此经营的全国各地的商人很多,西市'浮寄流寓,不可胜计'。"[①]通过"丝绸之路"进入长安的西域商人大都在西市落户经营,西市的外国商人非常多,西市又被称为金市。唐长安城云集了来自全国各地的商人,也有不少来自中亚、西亚等地的外国商人。

唐初,商业活动只能在白天进行,而且要在固定的时间和固定的地点进行。随着百姓生活需求的不断增加以及商品交易的日益发展,商品交易打破了固定时间和固定地点的限制:商业活动的时间由白天延伸到了夜里,出现了"夜市";商业活动的地点由固定的"市"延伸到了"坊"。发展到后来,几乎所有的"坊"都存在着商业活动,出现了大量的"肆""店""铺""坊"。这些都标志着长安商业的空前繁荣。

唐末五代时期,长安城屡遭战火摧残。长安很多繁华的市场也变成了废墟。五代以后,长安不再做国都,市场规模大大缩小,坊市界限完全被冲破,商业区已经深入到居民区。

---

① 薛平拴:《古都西安——长安商业》,西安出版社2005年版,第141页。

北宋初年，长安社会经济依然处于凋敝状态；宋真宗以后至北宋末年，长安商业有所恢复和发展。宋朝时，长安市场上的商品种类繁多，丰富多彩，既有官僚地主、达官贵人享用的高档奢侈品，也有供给普通百姓的日常生活用品。北宋灭亡之后，长安长期处于女真族建立的金朝的统治之下，金、宋连年交战，经济屡遭破坏，长安商业又一次走上下坡路。

元代，由于政治的统一，各地经济联系的加强，农业、手工业的恢复和发展，交通状况的改善，币制的统一，元代的市场重新开始活跃。商贾云集，特别是西域商人很多，商品种类丰富多样，居民区商业店铺星罗棋布，出现了许多专业的商品市场。外国商人通过"丝绸之路"进入中原后首先就要经过长安，长安成为出售西域土特产品的一个重要市场。元世祖时，意大利商人马可·波罗（Marco Polo）来到中国，他对奉元路城（今西安市）的商业大为赞赏。在《马可·波罗行纪》中他写道："城甚壮丽，为京兆府国之都会。……此城工商繁盛，产丝多，居民以制种种金锦丝绢。……凡人生必需之物，城中皆有，价值甚贱。"[①] 在马可·波罗眼中，长安城壮丽繁华，商业发达。

明洪武二年（1369），明太祖朱元璋改奉元路为西安府。由于东出大道是西安城内外联系的主要通道，因此明代西安府东关的商业比较发达。明代的西安府是西北地区的政治、经济、文化和军事中心。明人张瀚在《松窗梦语》中说："河以西为古雍地，今为陕西山河四塞，昔称天府，西安为会城。地

---

① 转引自薛平拴《古都西安——长安商业》，西安出版社2005年版，第251页。

多驴马牛羊旃裘筋骨。自昔多贾，西如陇蜀，东走齐鲁，往来交易，莫不得其所欲。至今西北贾多秦人……"①

清顺治二年（1645），清军攻占西安府。由于西安府城东北"满城"的修建，阻断了西安城东的出路，导致西安的商业仅仅局限在西大街和南院门一带。② 1902年，在近代资本主义浪潮的强烈冲击之下，西安南院门出现了一些经营现代工业品的商店。由于西安人口主要集中在城西和东关，于是逐渐形成了以南院门、西大街和东关为中心的商业区。

明清时期，随着西安城区面积的扩大，非农业人口的不断增加，粮食交易空前活跃，大街小巷布满粮店。19世纪中期以后，随着外国资本主义势力进入中国，外国的商人将洋布贩运到西安销售。此外，元代以来，由于西安城中回民人数增多，牛肉和羊肉的需求量很大，因此明清时期慢慢形成了牛市和羊市，还有规模比较大的牲畜、家禽以及肉制品市场。据《咸宁县志》记载：西安城内有骡马市，位于钟楼之南，南大街以东；牛市，位于粉巷正西的牛市巷；鸡市位于东郭；羊市位于马家十字以东。明清时期，西安城内还设有专门的木材市场和竹器市场，如位于钟楼以南、南大街以东和以西的东木头市与西木头市，位于鼓楼以南的竹笆市。

总之，明清时期，西安的商业相比前代发生了很大的变化，形成了许多专业化的市场。关中地区农村商品经济的发

---

① 张翰：《松窗梦语》，转引自薛平拴《古都西安——长安商业》，西安出版社2005年版，第270页。
② 潘明娟、耿占军等：《长安历史文化概论》，陕西人民出版社2011年版，第405页。

展为西安商业的发展提供了丰厚的基础,西安城区商品交流的品种丰富多样,从而逐步成为关中乃至陕西和西北地区的商品交易中心。①

辛亥革命之后,南院门改为省议会,北院门成为督军公署和省长公署,南院门和西大街先后成为政治中心和商业中心。国民政府还重新开辟了东大街,东大街的商业开始慢慢发展起来。1935年,陇海铁路通车,东大街因为距离车站比较近,从而成为西安新的商业街区。西安的商业贸易中心逐渐由南院门、东关向东大街转移。西安城内商业区的分布是:通车前南院门和竹笆市一带多属于新式洋货铺,西大街、桥梓口一带是一些颇具规模的旧式杂货铺,东大街是车行小铺。

中华人民共和国成立之后,西安商业的发展迎来了新的曙光。国民经济恢复时期和第一个五年计划时期,西安商业存在着民国时期遗留下来的通货膨胀以及不法商贩投机倒把的问题。中央人民政府通过平稳物价、打击不法资本,稳定了西安的市场秩序;中央人民政府通过组建国营贸易公司、积极改造发展供销合作社等集体商业、对私营商业施行"利用、限制、改造"的政策,使西安市场形成了多种经济成分并存的商业结构。1953—1957年,国家实施第一个五年计划时期,西安对私营商业的社会主义改造进入了新的阶段,通过经销、代销、批发、零销等国家资本主义的初级形式对私营商业予以限制和改造,使其逐年改组、合并和淘汰。对私营批发商业中的坐商,因其属于追求高利润的中间盘剥者,

---

① 刘志宽、谬克沣、胡俞越:《十大古都商业史略》,中国财政经济出版社1990年版,第51页。

对其采取了辅导转业、歇业淘汰、企业合营等多种方式；对零售和批发的小商小贩，采取公私挂钩、经销、代销、经济改组等措施，由国家资本主义实行全行业公私合营或者改造为社会主义的合作商店或合作小组。"大跃进"和人民公社化运动开始后，西安市商业实行"统购统销"，结果出现了"工业报喜，商业报忧"的现象，集贸市场被迫关闭，供销社由集体变为全民，合作店变为国营。随着第一个国民经济五年计划的完成以及社会主义改造的基本完成，我国已经建立起了公有制占绝对统治地位的计划经济体制。这种体制"重生产、轻流通，重国营、轻私营"，在该体制下，西安市区商业网点特别是零售机构大大减少，不能满足人民的日常生活需求。60年代，通过对流通领域进行调整，集体和个体经济得到了一定程度的恢复和发展。在1966—1976年的十年中，西安商业遭到了严重的干扰和破坏，打着批判"封、修、资"的旗号，很多商品被迫停止销售，一些服务项目和企业管理指导也遭到破坏，集贸市场被关闭。凭票、排队买东西，"停止生产闹革命"是这个时期常见的景象。市场结构又一次发生了变化，许多集体商业变为国营商业，个体经济被彻底取消。1978年12月，党的十一届三中全会召开以后，西安市各级商业部门不断清理过去的错误思潮，把"促进生产，发展商品流通，繁荣城乡经济，为人民日益增长的物质文化需要和社会主义建设服务"作为工作的基本任务。调整农副产品购销政策，改革统购统销制度；改革工业品购销形式，实行订购选购；改革商业体制，推行承包经营。通过贯彻执行国营、集体、个体相互补充的方针，西安市的商业发展出现了繁荣兴旺的景象。①

进入21世纪以来,西安城市建设的步伐不断加快,尤其是作为"一带一路"的起点城市,作为国家中心城市,西安的城市骨架不断拉大,城市规模和容量日益扩大。根据《西安市商业网点发展规划(2004—2020)》要求,西安加快发展商贸服务业和区域商业中心,优化商业网点布局,完善商业网点功能,逐步形成了层次清晰、功能完善、布局合理的三级商业服务网络。②《西安市"十四五"(2021—2025)商务发展规划》指出,西安"十四五"商务发展的主要任务是:通过调整结构、培育动能、转变方式、强化载体、促进发展,将西安全面建设成为引领西部、闻名全国、畅通全球的国际消费中心城市和最具活力的内陆改革开放城市。③

---

① 高芒喜:《西安商贸六十年》,《西安商贸六十年》编辑委员会,2010年,第113—116页。
② 陕西省西安市人民政府:《西安市人民政府关于印发〈西安市商业网点发展规划(2004—2020)〉的通知》,2005年3月16日,http://www.110.com/fagui/law_243466.html,2023年3月19日。
③ 陕西省西安市人民政府:《西安市商务局、西安市发展和改革委员会关于印发〈西安市"十四五"商务发展规划〉的通知》,2021年5月25日,http://www.110.com/fagui/law_243466.html,2023年5月29日。

第二章 清末至新中国成立前的西安店名与西安城市文化

根据史红帅所著《近代西方人视野中的西安城乡景观研究（1840—1949）》，我们共搜集了清末至新中国成立前的西安店名 121 个，涉及典当、茶叶、酒、药材、粮食、布匹、杂货以及其他日常生活吃穿用度等 58 个小类。通过对这 121 个店名的语言特点以及文化意蕴等方面进行分析，可以大体了解清末至新中国成立前西安商业的发展情况及西安城市文化的面貌。

第一节 清末至新中国成立前西安店名的语言特点

关于清末到新中国成立前西安店名的语言特点，我们主要从店名的音节数量、店名的构成及各部分的用字、店名的语法结构等方面进行研究。

一 店名的音节数量

音节是我们在听感上能够感知到的最小语音单位，除了儿化音是一个音节包含两个汉字之外，一般情况下，一个汉字就是一个音节。在我们搜集到的121个店名中，除了两个双音节和9个四音节的店名以外，其余110个店名均为三音节，如林盛协、程大盛、吕同兴、同顺祥、茂盛正、万顺隆、永丰当、德胜当、乾顺店、大成行、笃敬斋、通泰堂、同春堂、义兴城、玉盛楼等。三音节的店名既能反映店铺信息，同时也比较简洁易记，醒目明了，读起来也朗朗上口。

三音节的店名数量之所以占有绝对优势，是与古人的书斋文化密切相关的。古时候，文人墨客为了寄情抒怀，常常给自己的居室或书房取一个高洁雅致、寓意深刻的名字，这个名字就叫室名。室名是古代文人的一种雅嗜，历史悠久。《晋书》中记载："初，桓玄于南州起斋，悉画盘龙于其上，号为盘龙斋。"（《晋书·刘毅传》）这是古代可以考证的比较早的室名。在古代，室名多以三音节为主，前两个音节表示属名，后一个音节表示通名，如一石庵、三难轩、四当斋、尊白堂、九梅堂、后乐堂、半山亭等。书斋居室是文人修身养性的私人空间和会客交友的重要场所，因此室名常常抒发了个人的志向抱负，极具主观情感，充分体现了主人的审美情趣。室名是一种文化现象，品位高雅，博大精深，这种文化现象一直流传到现在，现代的知识分子或者读书人也往往会给自己的书房起一个雅致的名字。明清时期，室名文化很流行，店铺作为店主从事商业活动的空间和场所，可以和文人读书会客的书斋类比，因此，一些商人为了提高自家店铺的文化品位，也常常模仿文人的做法，给店铺取一个古朴雅致的名号。受室名特点的影响，清末时期的店铺名称多呈现三音节的格局。

二 店名的构成及各部分的用字特点

（一）店名的构成

店名一般由三个部分构成：属名+业名+通名。属名是店名中最具有区别特征、最富有个性的部分，业名是标明商品的行业特征和店铺的经营范围及经营特点的部分，通名是商业单位的通用称呼。我们搜集到的清末至新中国成立前的121个西安店名的构成如下：

1. 只有属名

只有属名的店名共有91个，占总数的75.21%。这类店名分为两类：其一，直接由人名构成，如王三锡、张公顺、林盛协、程大盛、吕同兴等；其二，由表达不同意义的三个音节构成，如仁义兴、同和公、同顺祥、茂盛正、万顺隆、义兴恒、恒顺福、万兴源、顺兴恒、义合德等。

2. 属名+业名

属名+业名的店名共有14个，占比11.57%，业名以当铺居多，如同仁当、同义当、同丰当、永丰当、德胜当、万成当、生一当、顺兴当、晋兴当、蔚丰银行、东关山货等。

3. 属名+通名

属名加通名的店名共有16个，占比13.22%，如大成行、广盛行、全盛行、同春堂、通泰堂、笃敬斋、春协斋、王盛楼、明德楼、东天丰店、乾顺店、义兴城、冯班轩等。

(二) 店名各部分的用字

1. 属名的用字

属名是店名中最富有个性特征和区别性的部分，体现了店主的商业追求和审美情趣，因此店主往往都非常重视属名的用字，一般都选用包含吉祥、喜庆、顺达、兴旺等寓意的字眼。"清朝曾流行一首吉字店名歌：顺裕兴隆瑞永昌，元亨万利复丰祥。泰和茂盛同乾德，廉吉公仁协鼎光。聚益中通全信义，久恒大美庆安康。新春正合生成广，润发洪源厚福长。"[①] 这56字歌传达了店铺规模宏大，商家讲究公平信用，店主希望事业顺利、生意兴隆、事业持久、万事如意等多个方面的内容。通过对121个店名进行整理归纳，可以看出其属名用字相对比较单一，或是表达店主对生意兴隆、财源广进、昌盛顺达的希望，或是体现店主倡导诚信经营的理念、希望传承"仁义礼智信、谦恭礼让"等传统美德的思想。根据统计，在121个店名的属名中，以下用字高频出现："盛"（21次）、"兴"（21次）、"德"（17次）、"顺"（14次）、"恒"（11次）、"和"（10次）、"义"（8次）、"丰"（8次）与"源"（5次）。如仁义兴、同和公、同顺祥、茂盛正、万顺隆、义兴恒、天成德、通德和、德茂恒、永聚德、长泰福、永利源、义盛通、恒顺福、万兴源、顺兴恒、义合德、乾泰祥、万顺兴等。

[①] 钱理、王军元：《商店名称语言》，汉语大辞典出版社2005年版，第52页。

2. 业名的用字

根据前文的结构分析，121个店名中仅有13个含有业名，这些业名是"当""银行""山货""行头"，如同义当、同丰当、永丰当、德胜当、蔚丰银行、东关山货、东吴行头等。

3. 通名的用字

根据上文分析，含有通名的店名有16个，通名为行、堂、楼、斋、轩、城、店等。追溯以上通名的起源，发现它们有着深厚的古代文化渊源。"行"本义指道路，《诗·豳风·七月》"女执懿筐，遵彼微行"中引申为行列，《诗·大雅·常武》"左右陈行，戎我师旅"中又引申为工商交易处，《唐·康骈·剧谈录（上）》也有"径诣使东肉行，以善价取之"的记录。可见"行"作为商品交易场所是古已有之的。我们搜集到的带有通名"行"的店名，如大成行、全盛行、广盛行、茂兴行、永盛行等。"堂"的本义为古代的宫室，前为堂，后为室，《书·顾命》中有"立于西堂"。店主用表示房屋宫室的"堂"来指代自己的店铺，如通泰堂、同春堂等。"楼"的本义指设在高处的建筑，多用作瞭望，如《左传·宣公十五年》中"（解扬）登诸楼车，使呼宋而告之"，后来指两层以上的房屋，如《说文》中"楼，重屋也"。店铺的房屋如果比较高大气派，多用"楼"做通名，如义兴楼、玉盛楼、得明楼、明德楼等。"斋"的本义为祭祀前洁净身心，以示虔诚，见《国语·周语（上）》中"先时五日，瞽告有协风至，王即斋宫"。后引申为信佛教的人所吃之素食，如唐杜甫《饮中八仙歌》中"苏晋长斋绣佛前"。又指施舍给僧尼道士的食物等，如《唐·六典（四）》中"凡国忌日，两京定大观寺各二,散斋,诸道士、女道士及僧尼皆集于斋所"。又引申为房舍,多指书房、学舍,如《晋书·陶侃传》中"侃在州无事,辄朝运百甓于斋外,暮运于斋内"。书房、学舍为个人学习会客之空间,店铺则是个人与顾客之间的交易之场所,于是店主是在用表示书房、学舍之意义的"斋"来指代商品销售的场所,如笃敬斋、春协斋等。"轩"的本义为一种曲辀、车厢前高后低、有帷幕的车,供大夫以上的人坐,见《左传·闵公二年》中"卫懿公好鹤,鹤有乘轩者"。后引申为作为轩车车厢护栏的器物,指栏杆,如战国宋玉《招魂》中"高堂邃宇,槛层轩些"。后指有窗子而敞朗的长廊或小屋,如三国曹植《赠徐干诗》中"春鸠鸣飞栋,流猋激棂轩"。店铺通名用"轩",如冯班轩。"城"的本义为城墙,《书·梓材》有"若作室家,既勤垣墉"之语。又指城邑,如《史记·蔺相如列传》中"秦王以十五城请易寡人之璧"。店铺通名用"城",如义兴城。"店"为后起字,指商店、铺子,如晋崔豹中《古今注·都邑》"店,所以置货鬻之物也",《南齐书·刘休传》中"明帝令休于宅后开小店"。后指旅馆、客栈,如唐岑参中《汉川山行》"山店云迎客,江村犬吠船"。[①] 用"店"作为通名的店铺名称如乾顺店。

通过以上分析可以看出,店铺通名往往沿承了表示房屋宫室等建筑名称的用字,本身含有表示商品交易场所的只有"行"和"店"。"行"起源很早,"店"产生得比较晚。总体而言,清末到新中国成立前,西安店名的通名相对较少,

---

① 本页所引各个通名的释义和文献均来自王力编《王力古汉语字典》,中华书局 2000 年版。

用字整体上雅致朴拙，古色古香。

三　店名的语法结构

店名的语法结构是指构成店名的符号本身之间的组合关系。通过对 121 个店名的语法结构进行整理，可以看出其类型相对比较单一，主要表现为联合型、偏正型和主谓型。

联合型的店名共有 91 个，占 75.21%。联合型的店名是只包含属名的店名，属名是由多个表达不同意义的带有形容词性质的成分并列组合而成，多表达喜庆、顺遂、昌达、兴旺、诚信、崇德的意思，如义兴恒、和隆永、协盛德、隆顺裕、长泰福、恒顺福、清盛丰、鼎隆昌、丰盛昌等。

偏正型的店名共有 20 个，占 16.53%。偏正型的店名一般是由修饰性的属名加上业名或者通名构成，前后是修饰与被修饰的关系，如同仁当、同义当、永丰当、德胜当、蔚丰银行、大成行、全盛行、广盛行、笃敬斋、春协斋、通泰堂、同春堂、义兴楼、玉盛楼、得明楼、乾顺店等。

主谓型的店名共有 10 个，占 8.26%。主谓型的店名一般只包含属名，是由两个不同的部分构成的属名，前后是陈述与被陈述的关系，如鼎立、春发、自立久、自立裕、百川通、大德恒、大德通、世裕厚、宣元兴、天兴成等。

第二节　清末至新中国成立前西安店名
所反映的西安城市文化

从我们搜集整理的 121 个清末至新中国成立前的西安店

名中，可以看出其文化含义主要体现了店家承诺诚信经营、以德服人，希望生意顺达、亨通兴旺的思想。另外从店名也可以看出当时的商业发展水平以及商业经营方式。

一 商人注重诚信经营

讲诚信是中华商业文化中的传统美德，诚信一直被视为经商之本。管子说："非诚贾不得食于贾，非诚工不得食于工，非诚农不得食于农，非信士不得立于朝。"（《管子·乘马》）可见，诚信是从事所有行业的基本前提。在商业贸易中，商家要真正践行"货真价实，童叟无欺"的承诺，诚信是基石。中国历史上曾经出现过许多"诚信为本"的义商。"徽商"代表人物舒遵刚秉承着"今之以狡诈求生财者，自塞其源也"的操守获得了成功；开创了中国第一家信用机构的"日升昌票号"掌门人雷履泰，宁可失利也"不肯失信于人"，其业务遍布全国乃至国外；享有盛誉的"瑞蚨祥"在八国联军攻陷北京时遭受了沉重打击，但随后其凭借信誉至上、品质上乘的口碑重获新生。这些"义商"凭借诚信在同行的竞争和外在环境的挤压中使自己的企业立于不败之地，也为商家的经营提供了成功的典范，因此，很多店铺在店名中着意突出了这一商界美德和行业操守。我们通过初步统计，发现体现诚信的店名用字高频出现，在121个店名中，"德"出现了17次，如德胜当、协盛德、大德恒、大德通、通德和、德茂恒、永聚德等；"义"出现了8次，如仁义兴、同义集、义和永、义兴楼、义盛通、义合德等。这充分体现了商人对以德经商、以义经营的高度重视。

二　商人希望生意兴旺

中国传统观念重视和谐、亲善，渴望吉祥如意，因为和谐、亲善有助于国家统一、民族团结、老百姓安居乐业、子孙美满幸福。"和"字的本字是"龢"。《说文解字》：龢，调也。"和"的本义指乐曲和谐。五音本来各不相同，但谱成曲后就变得和谐动听了。旧时社会上的各个阶层，虽然等级有别，但是若能以礼相待，也能实现和睦相处。商业界讲求和气生财，店主和气对待顾客，往往能促成生意。和气经营、广交朋友、生意兴隆、事业顺达成为店主经营的普遍心理，这种心理在店名上有突出的反映。店名特别讲究用吉利字，店主常常希望吉祥如意的店名能给自家商店带来好运气，同时这样的店名也能满足顾客追求美好愿望的心理。

通过对 121 个店名进行统计，可以看到以下高频用字："盛"（20 次），如彩盛源、广盛行、协盛德、茂盛正、程大盛、全盛行、永盛行、丰盛昌、月盛成、义盛通、际盛德、林盛协、王盛楼、德盛公、茂盛增、德盛魁、茂盛源、永盛行、兴盛楼、德盛斋等；"兴"（19 次），如恒兴复当、仁义兴、吕同兴、义兴恒、王正兴、顺兴当、晋兴当、茂兴行、世兴恒、义兴城、复兴老、宣元兴、天兴成、万兴源、顺兴恒、顺兴成、复兴源、万顺兴、义兴恒等；"顺"（14 次），如同顺祥、乾顺店、万顺隆、隆顺裕、公顺成、恒顺福、张公顺、致顺德、永顺益、顺新和、顺兴恒、顺兴成、万顺兴、德顺隆等；"和"（10 次），如同和公、同心和、信丰和、和隆永、通德和、致和成、义和永、协成和、公正和、顺新和等;"丰"(7次),如同丰当、永丰当、信丰和、东天丰店、蔚丰银行、清盛丰、丰盛昌等;"源"(5次),如彩盛源、永利源、万兴源、茂盛源、复兴源等。这些体现吉庆、福顺、昌盛、和丰等意义的用字体现了店主希望店铺生意兴隆、财源广进的美好心愿。

三 西安的商业水平较低,商品种类相对匮乏

我们搜集到的清末至新中国成立前的 121 个西安店名,根据史红帅所著《近代西方人视野中的西安城乡景观研究（1840—1949）》中记载,主要涉及典当、茶叶、清酒、水烟、粮食、盐、布匹、药材、笔墨、牛皮、针篦、绸缎、木炭、服饰、鞋帽、铁器、寿枋、海菜、估衣、肥皂、皮胶、杂货等 58 行。[1] 可以得出这样的结论:这些行业都是围绕基本的民生需求,经营的商品都是日常必需的生活资料和生产资料,这说明当时商品生产的种类和范围非常有限,商品交易的种类相对匮乏,商业水平较低。

四 商品生产与经营以个体手工作坊的形式进行

以个人姓氏为店名,或者通过模仿文人书斋命名来给自己的店铺取名,这些都说明了当时的店铺是以家庭为单位、以个体化手工作坊的形式进行生产和经营的,商业规模很小,商品流通速度相对较慢,商业文化相对比较落后。

---

[1] 史红帅:《近代西方人视野中的西安城乡景观研究（1840—1949）》,科学出版社 2014 年版,第 255 页。

总之，通过对清末至新中国成立前的西安店名的语料分析可以发现，店名的命名形式比较单一，多为三音节形式，属名突出，通名较少，业名一般不出现。无论是属名、业名还是通名，店名用字整体比较古朴雅致，富有韵味，带有较明显的文言色彩；字义包含了吉庆、福顺、兴旺、诚信、崇德等寓意，体现了鲜明的中国传统文化特色，表达了商家坚守诚信经营的理念以及希望生意兴旺发达的朴素美好的愿望。通过店名的数量和行业分布也可以看出，清末至新中国成立前，整个西安的商业并不发达，商品是以吃穿用度等日常生活及生产必需品为主，商品种类非常有限，商品生产和经营以个体手工作坊为主。综上所述，清末至新中国成立前的整个西安城浸润在浓厚的传统文化的土壤里，现代商业及外来文明基本没有产生影响，西安城市文化总体上呈现出一种传统、保守、封闭的状态。

第三章　新中国成立至 20 世纪末西安店名与西安城市文化

1949 年中华人民共和国成立后，西安城市商业迎来了全新的发展。根据《西安商贸六十年》[①] 一书，我们共搜集整理出从新中国成立到 20 世纪末的西安店名 267 个，这些店名呈现出不同的语言特点和文化内涵。

第一节　新中国成立至 20 世纪末西安店名的语言特点

针对新中国成立至 20 世纪末西安店名的语言特点，我们主要从店名的音节数量、店名的构成及各部分的用字用词、店名的语法结构等方面进行分析。

一　店名的音节数量

通过对搜集整理的 267 个店名进行分析可以看出，新中

[①] 高芒喜：《西安商贸六十年》，《西安商贸六十年》编辑委员会，2010 年。

国成立到 20 世纪末的西安店名，音节数量比较多样化，从两个音节到十二个音节的店名都有，具体分布情况见下表：

表 3-1　新中国成立至 20 世纪末西安店名音节数量统计

音节数量	店名数量	占比（%）	店名举例
二音节	3	1.12	永兴、天章、利康
三音节	48	17.98	春发生、曲江春、德懋恭、天香村、稻香村
四音节	59	22.10	上海酱园、荃鑫酱园、肖家馄饨、建设旅馆
五音节	69	25.84	人民服装店、延安路商场、西北眼镜行、协昌五金号
六音节	48	17.98	大时代葫芦头、儿童食品商店、解放国营商店
七音节	9	3.37	丰镐路百货大楼、浙江老凤祥金店、天华纺织品商店
八音节	19	7.12	老童家牛羊肉泡馍、西安中山百货大楼
九音节	3	1.12	西安市旅游侨汇商店、西安长发祥协和商场
十音节	5	1.87	西安市北大街百货商场、解放路第一百货门市部
十一音节	1	0.37	西安市妇女儿童用品公司
十二音节	3	1.12	西安民生集团股份有限公司、西安解放百货股份有限公司

注：每类店名所占比例经四舍五入后总计结果可能不等于 100%，特此说明，后文同。

通过表 3-1 可以看出，新中国成立到 20 世纪末的西安店名打破了清末到新中国成立前店名以三音节为主的格局，呈现多样化的音节数量。其中二音节店名很少，可能是因为二音节店名传递的信息量极其有限。七音节及以上的店名数量也很少，大概是因为音节数量过多，名称过于烦琐，不方便人们记忆。三、四、五、六音节的店名数量较多。三音节的店名多为清末到新中国成立前的老字号，历史相对比较久远，如德懋恭、稻香村、达仁堂、藻露堂等；四音节店名的语音节奏格式均为 2+2，如友谊/商店、红旗/商店、劳保/商店等；五音节店名的语音节奏格式为 2+3 或 3+2，如天华/百货店、西北/眼镜行、华西/五金行、鸿安祥/鞋店、逢源号/商行、阿房宫/旅馆等；六音节店名的语音节奏格式为 2+2+2 或 3+3，如西安/百货/大厦、唐城/百货/大厦、富康/时装/大楼、老马家/牛羊肉、花木兰/糕点店、德华斋/眼镜行等。四、五、六音节的店名传递的信息比较丰富，而且从语音上符合汉语四言诗、五言诗和六言诗的节奏韵律，稳定和谐，读起来朗朗上口，占比较高。

二 店名的构成及各部分的用字用词特点

（一）店名的构成

新中国成立至 20 世纪末西安店名的构成方式主要包括属名、属名+业名、属名+通名、属名+业名+通名、业名+通名等结构形式。

1. 属名

只有属名的店名共有 30 个，占 11.24%。只有属名的店名一般沿用了清末到民国时期的老字号的名称，一般多为三音节的形式，如春发生、曲江春、德茂权、德庆元、德庆恒、茂盛福、茂盛顺、同庆祥、义兴隆等。

2. 属名+业名

属名+业名的店名共有29个，占10.86%。属名+业名的店铺主要集中在餐饮行业，如老童家（属名）腊牛羊肉（业名）、肖家（属名）馄饨（业名）、庚家（属名）粽子（业名）、春发生（属名）葫芦头（业名）、樊记（属名）腊汁肉夹馍（业名）、王记（属名）粉汤羊血（业名）、韩家（属名）桂粉汤圆（业名）、王家（属名）梆梆肉（业名）、大时代（属名）葫芦头（业名）、白云章（属名）饺子（业名）、袁家（属名）水盆大肉（业名）、福顺隆（属名）油泼面（业名）、王记（属名）羊血泡馍（业名）、高家（属名）红肉煮馍（业名）、老吴家（属名）元宵（业名）、老韩家（属名）汤圆（业名）等。

3. 属名+通名

属名+通名的店名共有24个，占8.99%。属名+通名的店铺一般是综合性的百货商店、饭店、中药店或是经营古玩及文房四宝的店铺。属名+通名结构的店名也比较多，如华侨（属名）商店（通名）、友谊（属名）商店（通名）、义祥（属名）楼（通名）、双胜（属名）楼（通名）、明德（属名）楼（通名）、藻露（属名）堂（通名）、万全（属名）堂（通名）、广育（属名）堂（通名）、博艺（属名）斋（通名）、文古（属名）斋（通名）、宜文（属名）斋（通名）等。

4. 属名 + 业名 + 通名

属名 + 业名 + 通名的店名共有 180 个，占 67.42%。属名 + 业名 + 通名拥有最完整的店名结构，能够清晰反映店铺自身个性、行业属性和通名的特点，传递的信息量也是最丰富的。这种结构的店名数量是最多的，如人民（属名）服装（业名）店（通名）、长发祥（属名）绸布（业名）店（通名）、西北（属名）眼镜（业名）行（通名）、华西（属名）五金（业名）行（通名）、西安（属名）食品（业名）商店（通名）、钟楼（属名）食品（业名）商店（通名）、西安民生（属名）百货（业名）商店（通名）、新美（属名）理发（业名）店（通名）、天庆福（属名）杂货（业名）店（通名）、苏州老九章（属名）绸缎（业名）庄（通名）、东方（属名）照相器材（业名）商店（通名）等。

5. 业名 + 通名

业名 + 通名的店名只有 4 个，占 1.50%，分别为劳保商店、羊毛衫城、儿童食品店、妇女儿童用品商店。业名 + 通名的店名因为缺少突出店铺个性的属名，所以使用得不多。

(二) 店名各部分的用字用词分析

1. 属名用字用词分析

(1) 体现政治和经济制度的字词

中华人民共和国成立后，新的政治和经济制度建立起来，人们的生活改天换地，发生了日新月异的变化。与之相伴而生的是，店铺的属名用到了很多反映当时政治和经济制度的字词，如民生合作商店、解放合作商店、平安合作商店、民生国营商店、解放国营商店、平安国营商店、红旗商店、前进鞋帽店、人民服装店、建设旅馆、建国饭店、新中华体育用品店等。

（2）体现西安地名、古代建筑及古代历史的字词

新中国成立至20世纪末西安店名的属名有些会以西安地名、古代建筑或古代历史的词语来命名，如西安解放路饺子馆、延安路商场、丰镐路百货大楼、钟楼饭店、西安钟楼食品商店、朱雀大厦、城隍庙饭店、西京食品商店、西京饭店、西京招待所、唐城百货大楼等。

（3）体现宗族姓氏的字词

民以食为天，饮食在人们的日常生活中占据着极其重要的地位。如果某个家庭具有独特的烹饪技术，所烹饪的食物美味诱人，那么餐饮店铺在命名时往往以该厨师的家族姓氏为属名，如张家楼饭店、肖家馄饨、庾家粽子、樊记腊汁肉夹馍、王记粉汤羊血、韩家桂粉汤圆、王家梆梆肉、老童家腊羊肉、吕记食堂、老孙家泡馍、高家红肉煮馍、老吴家元宵、老韩家汤圆、老徐家稠酒等。

（4）沿用老字号店铺属名的字词

沿用老字号店铺属名的字词一般有两个方面的特点：一方面是体现商家对自己店铺生意吉庆兴隆的祈愿和祝福，如茂盛福、茂盛顺、同庆祥、庆丰裕、万兴源等；另一方面是体现商家诚信崇德的经营理念，如德茂泉、德庆元、德庆恒、德盛和、万聚德、德懋恭等。

（5）体现商业服务对象的字词

店铺在属名部分突出商业服务对象，有利于准确定位顾客类型。含有这类属名的店名有友谊商店（主要服务对象为外宾）、华侨商店（主要服务对象为海外华侨）、西安市旅游侨汇商店（主要服务对象为外宾和华侨）、西安市妇女儿童用品商店（主要服务对象为妇女儿童）、儿童食品店（主要服务对象为儿童）、永信回民食品商店（主要服务对象为回民）等。

2. 业名用字用词分析

通过对 267 个店名的分析，可以发现其中 213 个店名都包含业名。通过对业名的整理可以看出，业名用字用词主要涵盖了饮食、百货、服装、纸张、文具、药品、茶叶、住宿、照相、洗浴、美发、首饰、图书、家具、电影放映等从业领域。如唐城百货大厦、张家楼饭店、肖家馄饨、泰华布店、宝康西服店、天祥纸业、荣发和纸张店、新新文具店、安远文具店、万全堂、益元堂、中兴药房、天成永茶庄、王大昌茶庄、华美药房、镐京旅馆、西北大旅社、罗庆云照相馆、大芳照相馆、大同园浴池、珍珠泉、上海理发店、南京理发店、宝丰金店、新凤祥银号、联益书店、现代书店、明珠家具城、银汉电影院、钟楼电影院等。

与清末至新中国成立前的店铺相比，新中国成立至 20 世纪末店铺的行业门类已经大大丰富了，既包括了满足人们日常基本的生活和生产所需的领域，也包括休闲娱乐、装饰美化及其他生活消费领域。这充分说明，随着经济的发展和人民物质生活水平的提高，人们的生活需求越来多,西安的商业门类越来越多样化,商业规模在不断扩大,商业水平在不断提升。

3. 通名用字用词分析

通过统计,新中国成立到 20 世纪末 267 个西安店名通名使用的字词有村、堂、楼、号、城、斋、店、园、馆、庄、房、户、社、行、局、所、院、商店、商城、商场、商行、大厦、大楼、公司、中心、门市部等,其中村、堂、楼、斋、园、馆、庄、行等通名相对比较古雅。在以上 26 个通名中,使用最多的是"店",可以广泛用于很多行业,如钟楼饭店、现代书店、人民服装店、鸿安祥鞋店、文古斋文具店、亨达利钟表店、荣发和纸张店、新华书店、泰华布店、新美理发店、宝丰金店、天华百货店、天庆福杂货店等。其他的通名在使用时具有一定的针对性。不同的行业一般具有自己相对固定的通名:"堂"一般用作中药店的通名,如藻露堂、德寿堂、达仁堂、万全堂、广育堂等;"斋"一般用作文房四宝和古玩店的通名,如古文斋、宜文斋、辅文斋等;"楼"一般用于饭店,如双胜楼、明德楼、太和楼、义祥楼等;"房"和"户"一般用作西药店的通名,如广济药房、中华药房、西北药房、欧亚药房、新明药户、新兴药户、自强药户等;"庄"一般用于茶叶店和饭店,如天成永茶庄、王大昌茶庄、西安饭庄等;"馆"一般用于饭店、旅店和照相馆,如正大豫饭馆、小寨旅馆、罗庆云照相馆等;"城""商城""商场""商行""大厦""大楼"等通名用于规模比较大、货物种类比较齐全的商店,如明珠家具城、开元商城、西安市北大街百货商场、延安路商场、长发祥协和商场、同汇丰商行、西安百货大厦、唐城百货大厦、朱雀贸易大厦、富康时装大楼、民生百货大楼、丰镐路百货大楼、西安解放百货大楼等;"公司"是1978年改革开放以后,国家实行经济体制改革时,国有、集体和个体经济成分相互补充、相互结合以后产生的经济实体,如前进鞋帽公司、西安市妇女儿童用品公司、西安民生集团股份有限公司、西安解放百货股份有限公司、西安秋林商贸股份有限公司等。

综上所述,与清末至新中国成立前的店名结构相比,新中国成立至20世纪末的西安店名不再以只有属名的结构形式为主流,而是以属名+业名+通名的结构形式为主流;后者既能体现店铺个性,又标明了行业特征,也有商业通名,这样的店名信息量丰富,结构清晰完整。与清末至新中国成立前的店名各部分的用字用词相对比较单一的情况相比,新中国成立至20世纪末西安店名各部分的用字用词更加多样化,有一些保留了清末至新中国成立前店名古朴雅致的特点,还有一些具有现代通俗平易的特色,而且时代的政治和经济色彩比较突出。

三 店名的语法结构特点

通过统计可以看出,新中国成立至20世纪末西安店名的语法结构主要有偏正结构、联合结构、动宾结构和主谓结构。偏正结构的店名共有246个,占92.13%。偏正结构的店名是指前后两个部分是修饰与被修饰的关系,如西安民生、大同园浴池、藻露堂、建国饭店、宝丰金店、钟楼电影院、西京国货公司、一文阁文具店、罗庆云照相馆、长发祥绸布店、益民食品商店、华西五金行等。联合结构的店名共有 16 个，占 5.99%。联合结构的店名是指店名的各个组合部分是并列关系，如德懋恭、德盛和、公盛德、德庆恒、茂盛福等。动宾结构的店名共有 3 个，占 1.12%。动宾结构的店名是指前后两个部分是支配与被支配的关系，如利康、庆丰裕、同庆祥等。主谓结构的店名共有 2 个，占 0.75%。主谓结构的店名是指前后两个部分是陈述与被陈述的关系，如春发生、文盛祥等。从上面的分析可以看出，与清末到新中国成立前西安店名的结构相比，新中国成立至 20 世纪末西安店名的结构要相对丰富一些，其中偏正结构占有绝对优势，体现了店名名词性的特点。

第二节　新中国成立至 20 世纪末西安店名反映的城市文化

与清末至新中国成立前一样，新中国成立至 20 世纪末的西安店名中具有一些只有属名和属名 + 通名的古朴雅致的店名，这部分店名反映了商人诚信经营以及希望生意兴旺的美好心愿，具有中国传统文化的特色。不过，新中国成立至 20 世纪末的西安店名也具有和清末至新中国成立前西安店名不同的语言特点，因此也呈现出自身独特的文化特征。

一　体现鲜明的时代政治和经济制度的特色

店名是时代的一面镜子，是城市的晴雨表，店铺的命名与社会发展、时代进步以及城市商业的发展密切相关。新中国成立以后，国家处于建设发展的初期，不断进行的各项政治和经济体制改革影响到店铺的所有权和经营方式，从而直接影响到店铺的命名。

新中国成立初期，西安市政府积极响应中央政府号召，通过组建国营贸易公司，积极改造发展供销合作社等集体商业，对私营商业推行"利用、限制、改造"的政策，使西安市场形成了多种经济成分并存的商业结构。1953—1957年国家实施第一个五年计划时期，西安通过经销、代销、批发、零销等国家资本主义的初级形式对私营商业进行限制和改造，使其逐年改组、合并和淘汰，由国家资本主义实行全行业公私合营或者将其改造为社会主义的合作商店或合作小组。"民生合作商店""解放合作商店""平安合作商店""城隍庙合作商店"这样的店名便反映了当时的政治经济制度。1958年"大跃进"和人民公社化运动开始后，西安市商业实行"统购统销"，结果出现了"工业报喜，商业报忧"的现象，集贸市场被迫关闭，供销社由集体变为全民，合作商店变为国营商店，之前的"民生合作商店""解放合作商店""平安合作商店""城隍庙合作商店"变成了"民生国营商店""解放国营商店""平安国营商店""城隍庙国营商店"。1966—1976年，西安商业遭到了非常严重的干扰和破坏，许多集体商业变为国营商业，个体经济被彻底取消，国营、供销社、集体、合营、代销代购、个体的所有权比例发生了重要变化。1978年12月，党的十一届三中全会召开以后，西安市各级商业部门改革商业体制，推行承包经营，贯彻执行国营、集体、个体相互补充的方针，从而使西安市的商业发展出现了繁荣兴旺的景象。改革开放之后,国家的经济体制发生了重要的变化,国有制、承包制与股份制相互结合,于是出现了诸如西安民生集团股份有限公司、西安解放百货股份有限公司、西安秋林商贸有限责任公司等股份制公司。

二 反映人民对幸福美好生活的憧憬和期待

新中国成立后,人民翻身解放,当家作主,成了国家的主人。人民期待新中国得到建设和发展,充满了对国泰民安、安居乐业的美好幸福生活的向往和憧憬,这种愿望和心理在店铺命名上也有鲜明的体现。解放百货大楼位于解放路。解放路位于西安城的东北部,是东大街大差市什字通往原火车站广场的一条街道,清代是满城的南北大街,1927 年改为尚仁路。1935 年,陇海铁路通车西安,西安市政府在尚仁路北端凿通城墙,将尚仁路延伸北接火车站广场。1937 年抗日战争爆发后,大量沦陷区难民流入,大批工厂企业内迁,尚仁路发展成为商业街。1945 年尚仁路改称中正路。1949 年为庆祝西安解放,中正路改为解放路。在 20 世纪 50 年代至 90 年代中期,解放路成为西安最繁华的商业街区。此外,为了庆祝新中国的建立,店铺命名为"建国饭店";新中国刚刚成立,老百姓的日常生活质量和生活品质成为头等大事,于是就有了"民生百货商店";在党的领导下,工农兵商相互协作,共同推动新中国的建设事业不断前进,于是有了"前进鞋帽店""建设旅馆"。除此以外,还有红旗商店、人民服装店、新中华体育用品店、国泰文具店、中华食品商店等。

三 反映西安的历史文化

1. 都城文化

西安是历史文化名城,在中国历史上曾先后作为13个王朝的国都,具有非常厚重的历史文化积淀。从最初周朝的丰京和镐京、秦代的咸阳城、汉代的长安城、隋代的大兴城、唐代的长安城到北宋的京兆府、元代的安西府(后改为奉元路)、明清时期的西安府以及国民党统治时期的陪都西京,西安城市的名称经历了不同朝代的变化和不同时代的更迭。西安店名反映了西安作为都城的历史,如镐京旅馆、唐城宾馆、唐城百货大厦、开元商城、京兆大药房、西京招待所、西京国货公司等。

2. 古代建筑文化

西安作为历史文化名城,具有很多标志性的历史建筑,最著名的就是钟楼了。西安钟楼位于西安市中心、明城墙内东西南北四条大街的交汇处。钟楼为砖木结构,是中国现存钟楼中形制最大、保存最完整的一座。钟楼建于明太祖洪武十七年(1384),初建于今西大街以北广济街口的迎祥观,与鼓楼以及南北城门正对,是城市的中心。因人们在钟楼祭祀文昌神,因此钟楼又被称为"文昌阁"。后因西安城不断向东向北进行扩建以及城门改建,新的东南西北四条大街形成后,钟楼偏离了城市中心。明神宗万历十年(1582)整体迁移于今址,钟楼再次成为贯通西安城市东西南北的轴心建筑。相比现在周围的摩天大楼,虽然钟楼高拔的优势早已荡然无存，但是它已经成为西安城市的文化符号和地标建筑。以钟楼为地标，我们可以看到钟楼饭店、钟楼食品商店等店铺。

西安城隍庙采用了明清时期的建筑风格，与北京、南京城隍庙齐名，为"天下三大都城隍庙"之一。因统辖西北多省城隍，西安城隍庙又称为"都城隍庙"。西安城隍庙始建于明洪武二十年（1387），主要用于祭祀宗教文化中的重要神灵以及当地的名臣与英雄。西安城隍庙现存有清雍正元年（1723）重修的一座大殿，雕梁画栋，精美细腻，体现了中国古代建筑的风格与神韵。西安城隍庙周围有城隍庙商店、城隍庙饭店。

曲江为唐代著名的曲江皇家园林所在地，境内有曲江池、大雁塔及大唐芙蓉园等风景名胜与历史古迹。西安曲江是中国古代园林及建筑艺术的集大成者，被誉为"中国古典园林的先河"，隋朝时名为"芙蓉园"，是一座皇家园林。唐代扩大了曲江园林的建设规模和文化内涵，修筑了大量的亭台楼阁，开凿了大型水利工程，使其成为皇族、僧侣、平民汇聚游玩的公共园林，自此这里便流传着曲江流饮、杏园关宴、雁塔题名、乐游登高等脍炙人口的历史佳话，成为唐都长安的标志性区域和唐文化的荟萃胜地。从"曲江春饭店"这一名称中，我们还能依稀感受到曾经繁荣兴盛的曲江文化。

通过上述分析可以看出，新中国成立到20世纪末的西安店名，具有鲜明的时代色彩，反映了西安特定时期的政治和经济制度，反映了新中国成立之后人们对幸福美好生活的憧憬和向往，反映了包括都城文化和古代建筑文化等方面在内的西安历史文化。部分店名的更易和新店名的出现反映了为适应国情和市场需求，西安城市商业所经历的一系列变化和重组以及总体上向着更加符合市场规律的方向发展的趋势。随着改革开放的不断深入，西安商业焕发出特有的活力和生机，城市文化变得更加丰富和多元。

第三节　新中国成立至 20 世纪末部分西安老店的发展变迁

新中国成立至 20 世纪末，西安的经济和商业获得了快速的发展，出现了一些商品种类比较齐全、经营规模比较大、商业口碑比较好的店铺，这些店铺半个世纪的发展变迁反映了西安经济和商业的成长历程。

一　西安解放百货大楼

西安解放百货大楼因位于繁华的商业街解放路而得名，其前身是建于 1956 年的西安解放百货商场，是西北第一家大中型国营百货零售企业，主要经营日用百货、纺织品、珠宝首饰、现代办公设备、工艺品、文化类商品、五金类商品，在西安地区享有"品种全、花色多"的美誉，曾是全国十大零售百货商场之一。在计划经济时期，曾为西安的市场繁荣与经济发展做出很大贡献，为西安十大百货商场之一，曾多次获得优秀企业称号。1991 年，西安解放百货大楼进入发展鼎盛期，经营商品 2 万余种。由于地处火车站的繁华地带，这里终日人流如潮，日均顾客流量多达 15 万人次，年营业额近 1 亿元。1994 年，成立西安解放百货大楼股份有限公司。

1999年，解放路改造启动，解放百货大楼停业。2003年7月，原东六路图书批发市场整体搬迁至解放百货大楼原址，命名为西安书林。西安书林现为西北地区最大的专业化图书批发市场。

二　西安民生

西安民生的前身是建于20世纪50年代末的西安民生百货商店。新中国成立前，民生市场是一个逃难者聚集的破烂市场，抗战胜利后，以旧货市场为基础，民生市场被组建起来，主要经营小百货、小五金、针织服装等。新中国成立后，民生市场规模不断扩大，经营品种不断增加，成为比较知名的日用品销售市场。1958年建成民生百货大楼，1959年更名为公私合营的民生百货商店，1992年组建起民生集团股份有限公司。民生集团股份有限公司以"名、优、新、特、廉"为经营特色，以"热情、主动、耐心、周到"为服务宗旨，享誉西安，闻名全国。民生集团倡导"知生活、乐生活"的消费理念，确立了"以中高档为主，实施品牌化、时尚化"的经营定位，不断对商品结构和经营布局进行统筹性调整，不断使其从"传统百货店"向"现代百货店"升级，其品牌形象不断提升，核心竞争力不断增强。目前西安民生是西安非常著名的品牌商场。

三　唐城百货大厦

1984年9月，西安唐城百货大厦正式成立。20世纪90年代，唐城百货大厦曾与西安民生、开元商城并立为西安最受欢迎的三大百货商场。在西安开元商城一期工程完工前，唐城百货大厦一直是西安百货零售市场上的领军者，自1990年以来连续十年跻身"中国百强店"之列。2005年，因受经营业绩影响，唐城百货大厦整体租赁给了永乐电器、国美电器，成为新的电器和通信店铺。唐城百货大厦当年那句经典广告词"唐城百货，在您心中，伴您生活"成为西安人难以忘怀的美好回忆。

四 西安华侨商店

西安华侨商店的前身是于1954年建成开业的西安市中山百货大楼。中山百货大楼因位于中山路（即现在的东大街）而得名，它是西北地区首批中型国营零售百货商店之一，在当时和民生大楼、解放大楼并称为西安市三大百货大楼。20世纪70年代初，在中山百货大楼内部组建了西安市涉外单位，称为友谊商店，是专门用于接待外宾的一个国有涉外商店，主要负责与旅行社、宾馆、饭店、机场等进行对外联络的工作，主要经营丝绸、珠宝首饰、古玩字画、文房四宝、复制文物、工艺美术品、旅游纪念品等商品。为了适应旅游业发展的需要，西安友谊商店于1983年更名为西安华侨商店，以海外华侨、港澳台同胞为主要服务对象，主要经营日用百货、家电交电、服装鞋帽、纺织品等商品。2010年，因东大街改造，华侨商店被拆除。

五 西安市北大街百货商场

西安市北大街原来称为延安路，西安市北大街百货商场于 1970 年初建时称为延安路商场，1972 年更名为西安市北大街百货商场，是西安市国营综合零售企业，主要经营日用百货、服装鞋帽、纺织品、皮革制品、钟表、眼镜、金银饰品、珠宝玉器、工艺品、文体用品、家具、五金交电、家用电器、照相器材等。改革开放之后，西安市北大街百货商场获得较快发展，商业繁荣兴旺。后来，随着商场设施的老化以及周围新兴商场的崛起，西安市北大街百货商场逐渐失去了往日的繁华。2008 年，因北大街改造，西安市北大街百货商场被拆除。

六　西安百货大厦

西安百货大厦于 1988 年建成，是西安市综合性国营商业企业，是在西安南一百货商场的旧址上扩建起来的，主要经营日用百货、烟酒副食、家用电器、音像设备、五金电料、服装鞋帽、文化用品、珠宝玉器、棉麻化纤、呢绒丝绸等商品。西安百货大厦目前已经停业。

七　西北眼镜行

西北眼镜行的前身是北京福盛祥眼镜店在西安的分店，创建于 1936 年。1948 年 9 月北京总店解体之后，西安的分店不断发展，1955 年与德华斋眼镜行合并，定名为公私合营的西北眼镜行。1991 年它被国家贸易部授予"中华老字号"称号。2005 年西北眼镜行完成了企业改制，实行股份制，成立了西安西北眼镜行有限责任公司。

八　藻露堂中药店

藻露堂中药店开设于明天启二年（1622），是西安城中最古老的药店之一。创始人宋林元，是一位乡间的郎中，在五味什字开设中药店，研制出"培坤丸"，专治妇科疾病，疗效显著，深受患者欢迎。1955年12月，公司实行公私合营，藻露堂成为一般国营中药零售店。1989年企业改制，成立西安藻露堂药业集团有限责任公司。1992年，藻露堂被国家国内贸易部审定为"中国六大古药店"之一。

由上述西安老店的创建和发展变迁，我们可以大致了解从新中国成立到20世纪末西安城市商业发展的趋势，了解当时的商业政策和经济政策。随着改革开放的不断推进，随着商业的进一步改组，国营或转为私营，或转为股份制和承包制。到20世纪末，上述大多数店铺都已经解体或者被新兴的经济实体取代，目前依然存在并且显示出商业活力的店铺有西安民生、西北眼镜行和藻露堂中药店。

第四章 21 世纪以来西安店名的语言特点

面向 21 世纪，西安市政府在《西安建设外向型城市战略纲要》中指出：通过建设，到 21 世纪中叶，使西安成为一个经济发达、科技先进、文化底蕴深厚、生态环境良好、既具有历史文化特色又具有现代文明的国际化大都市。①

进入 21 世纪，西安商业加快发展，根据《西安市商业网点发展规划（2004—2020）》要求，西安加快发展商贸服务业和区域商业中心，加快消费结构升级，优化商业网点布局，逐步形成了包括中心商业区、区域商业中心、社区商业网等层次清晰、功能完善、布局合理的三级商业服务网络。②

2008 年，笔者在实地调查的基础上，撰写并发表论文《西安店名的文化释读》；2012 年，组织学生申报并完成了以

---

① 转引自西安市统计局编《西安五十年》，中国统计出版社 1999 年版，第 8 页。

② 陕西省西安市人民政府：《西安市人民政府关于印发〈西安市商业网点发展规划（2004—2020）〉的通知》，2005 年 3 月 16 日，http://www.110.com/fagui/law_ 243466.html，2023 年 3 月 19 日。

西安店名为研究内容的大学生创新创业训练项目；2015年和2016年，先后主持并完成与西安店名相关的两项科研项目；2021年，全国第十四届城市运动会在西安召开，西安的城市面貌发生了很大的变化，我们又调查了一些新的店名。在多次店名调查的过程中，我们选择了一些有代表性的商业街区，遵循既能全面覆盖，又能突出重点的思路，具体选定的调查地点有东大街、西大街、北大街、南大街、书院门、回民街、骡马市、金康路茶文化街、大唐西市、土门市场、轻工市场、康复路、赛格电脑城、火车站、张家堡、雅荷花园、大明宫、未央路、小寨等多个商业街区，共搜集各类店名5282个。因为有实地拍摄的图片，所以当代西安店名的研究不仅包括了语词使用，还包括牌匾上的文字书写形式。

进入21世纪以来，随着丝绸之路经济带的建设，中国对外交流不断增多，经济飞速发展，西安的城市建设和经济发展也取得了很大的成就，人们的思想观念和文化审美意识也发生了很大的变化。相比清末至20世纪末，21世纪以来的西安店名呈现出非常鲜明的特色，形式自由灵活，文化观念多元，个性意识突出，在彰显古朴厚重的历史文化的同时，展露出越来越强的现代化与国际化的色彩。

对于21世纪以来西安店名的语言特点，我们主要从店名的语码构成、音节数量、构成及各部分用字用词、语法结构、修辞、规范化以及命名规律等方面展开研究。

第一节　21世纪以来西安店名的语码构成

语码是社会语言学的术语，是指具体的语言形式或者某一语言形式的各种变体,如汉语、英语、汉语方言等都可以被视作语码。如果把语言的概念泛化,所有用来传递信息的媒介都可以称为语码,那么数字、特殊符号也可以看作语码。21世纪以来西安店名的语码构成形式灵活多样。

一 纯汉字店名

汉字是记录汉语的书写符号系统,21世纪以来西安店名的语码构成绝大多数都是纯汉字,共有5032个,占95.27%,如博雅斋、藏珍阁、玉贵人、唐艺书画社、百业珠宝、鸿运镶嵌、水果工坊、时尚夜市、小夏服饰、吸引力驿站、尚地男装、指间美甲、豪佳广告、老火锅等。

二 非纯汉字店名

除了汉字类的店名,西安店名还采用了英文、拼音、数字、特殊符号、日文等多种语码形式,这类非纯汉字的店名共有250个,占4.73%。非纯汉字的店名又可以分为以下几种形式。

1. 汉字+英文

汉字+英文的店名共有109个,在非纯汉字类店名中占43.60%。这类店名包含汉字和英文字母或英文单词,有的英文是对汉语店名全称的翻译,有的英文是对店铺属名、业名或者通名的翻译,有的英文则所指不明。如 Shoe Box 鞋柜、FOR YOU 福友、West food 西餐、夜色 BAR、TEEMO 奶茶、新生代 KTV、BAR 冰淇淋、rbt 仙踪林、Girl 调调、自由

SHOW、彬 Bin my best love、Mr. 先生、淘 GOOD 等。

总之，汉字+英文类的店名显得比较活泼时尚，带有"洋味儿"，这样的店铺经营的一般都是面向年轻人的商品。

2. 纯英文

纯英文的店名共有 68 个，在非纯汉字类店名中占 27.20%。采用纯英文的店名，有的是来自国外的品牌名称，有的是汉语名称的英译，还有的则采用比较前卫另类的英文表达。如 Jack's Bar、KICK CITY、Melody、Blue Ice Café、BANNA BANNA、TONYMOLY、I LIKE、SEVEN、DRIFT WOOD、KOREA、WHAT、NONO hair idea、Josfond、Deon、POLO VILLAE 等。采用纯英文店名的店铺一般经营时尚服装、化妆品或者西餐之类。

3. 汉字+数字

汉字+数字的店名共有 44 个，占 17.60%。这类店名中的数字有时指服务对象的年龄，有时指店铺最早成立的时间，有时指商品的价格，有时只是表达一种谐趣，没有特殊的含义。如 8090 发饰沙龙、80 后主题零食、1981 男品、天曼 79 潮流馆、36 趣时尚涮涮吧、3+1 嘟嘟面铺、1860 牛仔世家、1+1 欧韩秀等。

4. 拼音+汉字

拼音+汉字的店名共有 8 个，占 3.20%。这类店名中的拼音有时指代人名，有时是汉字的拼音转写，在后一种情况下，拼音和汉字互指，起到强化店名的作用。如 NANA 大头贴、LERENDAO 丽人岛、HUITE 惠特、崔 cui、WEIDAO 味道等。

5. 纯数字

纯数字的店名共有 6 个，占 2.40%。纯数字的店名一般为品牌名称，有时也只是店主一种另类的表达，为了吸引顾客的眼球，引起顾客的好奇。如 361°、369、9%、0121、89、108 等。

除此之外，还有汉字+英文+数字、英文+数字、纯拼音、汉字+日文、字母+特殊符号等语码形式，这些形式有些是表示品牌的名称，有些只是一种新奇另类的表达，难以说明具体的商品信息，这类形式的店名数量很少，如 X21 玩聚、A18 衣舍、H2H 衣橱、Str。37 街、2s 外贸服饰、X21、SURPRISE100、LU、NaNa、Lanli、神奇の火苗、喜の梅、M&c 等。

通过以上分析可以看出，相比清末到 20 世纪末，21 世纪以来，西安店名的语码构成不再局限于单一的汉字，而是呈现出汉字、英文、数字、拼音、特殊符号等相互搭配使用的多种形式。排除那些故意制造噱头、崇洋媚外的英文店名，西安店名中英文语码的出现或许说明：西安商业面对的不仅是本市、本省或者本国消费者，而且还有国外的消费者；西安店铺经营的商品不仅是国货，而且也有大量的进口商品。这些都体现了西安城市的开放性和国际化。另外从商家的角度来看，为了在激烈的竞争中赢得更多的商机，获取更多的商业利润，商家必须要使出浑身解数在店名上做文章，店名要求新求异，要尽可能吸引顾客和消费者的眼球，从而使自己的店铺在众多的店铺中脱颖而出，因此，店名的表达形式越来越新奇和多样。从客观的效果来看，汉字、英文、数字、拼音、特殊符号等多种语码形式的组合，使店名变得生动活泼、灵动而富有趣味，体现了商家独特的审美意趣和审美追求。店名构成中多种语码的出现，标志着人们的思维越来越活跃，汉语本身的包容性越来越强，语言表达也越来越丰富和灵活。

第二节 21世纪以来西安店名的音节数量

在实地调查的5282个西安店名中，除去那些包含英文、数字、拼音、符号等语码形式的250个店名，我们共整理出5032个中文店名，这些中文店名的音节数量呈现出鲜明的特点。

5032个中文店名包含单音节、双音节、三音节、四音节、五音节、六音节、七音节、八音节、九音节、十音节、十一音节、十二音节、十三音节、十五音节，具体统计数据见表4-1。

表4-1　21世纪以来西安中文店名音节数量统计表

音节数量	店名数量	占比（%）	店名举例
单音节	5	0.10	妞、萱、宫、里、囍
双音节	217	4.31	弈皓、伊然、依尚、弈博、俏妮、楠夕、花漾
三音节	812	16.14	俏美人、水瓶座、昕薇阁、山木石、伊可人
四音节	1810	35.97	涂氏剪纸、金玉满堂、三秦风光、红木工艺
五音节	840	16.69	三姐妹饺子、仁人乐商店、来润五金店、家得利超市
六音节	673	13.37	川香源家常菜、巴三郎川菜馆、小卫臊子饸饹

续表

音节数量	店名数量	占比（%）	店名举例
七音节	354	7.03	童年食客零食店、滨河聚益源烟酒
八音节	194	3.86	福建千里香馄饨王、正宗南七臊子饸饹
九音节	84	1.67	薄利纸品洗涤用品店、永盛美术品有限公司
十音节	27	0.54	祥和居三鲜葫芦头泡馍、西安市千林海纸品批发
十一音节	10	0.20	西安市中翔洗涤用品商行
十二音节	2	0.04	西安骏业汽车装潢服务中心
十三音节	3	0.06	真之景健康功能型内衣锦上店
十五音节	1	0.02	西安新城区艺博文化体育用品商行

通过上表可以看出，除了没有十四音节，当代西安店名的音节数量从单音节一直覆盖到十五音节，音节数量的跨度很大。当代西安店名音节数量的多少与商品类别和经营形式有一定关系。并且，由于受认知规律的限制，店名的音节不可能太多，因为不利于交流和传播。

在5032个当代西安店名中，一个音节的店名只有5个，占0.10%，分别为妞、萱、宫、里、囍；双音节店名共有217个，占4.31%。因为双音节店名的结构非常简单，传达的信息相对较少，因此双音节店名大多是经营商品的品牌名，如哥弟、米兰、威狼、三枪、百丽、米旗、彬彬、歌瑶、骆驼等。

三音节的店名共有812个，占16.14%。通过统计整理可以看出，三音节店名主要出现在古玩店、文房四宝店以及书画店的店名中。古玩店主要经营各种玉石珍宝，文房四宝店以及书画店主要经营的是与书法艺术和中国传统绘画相关的书写绘画工具和书法绘画作品。中国传统艺术讲究高洁雅致，古色古香，内蕴深厚，因此，此类店名多以古朴的"阁""轩""斋""堂""居""坊"作为中心语，前面加上体现店主个性的修饰语，构成了三音节的店名，如艺缘阁、凝瑞阁、醉墨堂、广泰轩、盛墨轩、二序堂、静影斋等。

四音节店名在当代西安店名中数量最多，共有1810个，占35.97%。四音节店名在语音上往往是双音节两两成对，从视觉效果来看整齐匀称，符合中国人要求对称的审美心理，从听觉效果来看，四音节店名在节奏上形成了强—弱/强—弱的非常整齐的节奏变化之美，读起来朗朗上口，容易记忆和传播。另外，从信息的传达来看，四音节店名传递的信息比较丰富，而且名称长度适中，传播效率高。另外，四音节词通常与汉语的成语相联系，显得古朴雅致。通过以上分析可以看出，四音节数量的店名符合中国人的审美意趣，被大众普遍接受。我们通过数据的统计和整理发现，四音节的店名在茶叶、广告、房地产行业应用得最多，如松云茶庄、云雾茶行、天茗茶庄、富硒茶行、广福茶行、大唐广告、译科广告、兴宇广告、恒信广告、链家地产、玛雅房屋、源兴房屋、鼎盛房产、意诚房产等。

五音节数量的店名共有840个，占16.69%。五音节店名可以分为两类：一类是2+3的形式，如岐山/臊子面、宇阳/文具店、祥和/招待所、西府/削筋面、湖南/土菜馆等；另一类是3+2的形式，如香百合/花坊、十字绣/手艺、自由彩/广告、天月宫/茶秀、上和源/茗茶等。

六音节的店名共有673个，占13.37%。六音节的店名的节奏可以分为2+2+2型和3+3型，节奏上比较平稳中正，体现出中国人对对称的钟爱。2+2+2型的店名，如飞宏/专业/做字、添好/鲜花/批发、国花/美发/沙龙、绝色/美甲/沙龙、温州/阿云/美发、猫狗/宠物/会所等；3+3型的店名如和生祥/饺子馆、一碗香/牛肉面、满堂红/烟酒店、多又鲜/蔬菜店等。

六音节以上的店铺名称因为比较冗长，一般不便于记忆和传播，并且不符合大众的审美标准及欣赏习惯，容易造成审美疲劳，所以在给店铺取名时，商家一般都不选择音节数量过多的店名。但在一些特殊行业，比如建材、汽车行业中，店名的起名规律和其他行业有所不同，店名不仅仅是修饰词加行业名，一般都标明了主从关系，有时还会加入经营范围等其他方面的内容，因此一般都比较长，如永发保温防水材料、广州斌利汽车用品等。

通过对5032个中文店名的音节数量进行分析，我们发现：（1）当代西安店名的音节数以三、四、五音节居多，尤以四音节店名的数量最多，以四音节为分界线，少于四音节和大于四音节的店名数量在两个方向上均呈递减趋势；（2）不同行业店名的音节数量分布呈现出一定的规律性，如茶叶、广告、房地产行业以四音节店名居多，古玩、书画行业以三音节店名居多，建材和汽车行业店铺名称的音节数量普遍偏多。

第三节　21世纪以来西安店名的构成及各部分用字用词分析

21世纪以来，西安店名的构成有六种形式，其中以只有属名和属名＋业名两种形式居多。从用字用词的特点来看，属名用字新奇多样，业名用字反映了一些新业态的出现，通名用字古今兼容。

一 店名的构成

店名的构成要素一般包括属名、业名和通名，当然这些要素不一定同时出现。21世纪以来西安店名的构成比较多样化，主要有以下几种类型：

1. 只有属名

属名作为同行业、同商业圈中最具区别意义的部分，广大商家在这一部分大花心思，各种属名百花齐放，争奇斗艳。在5282个当代西安店名中，单以属名形式存在的店名有1068个，占总数的20.22%。单以属名作为店名使用的多是商品的品牌，如意尔康、波司登、鸿星尔克、雅泰来、伟志、贵人鸟、卡西欧、联想等。在这些品牌中，使用音译外来词、英文、数字的品牌占了一定的比重，如皮尔卡丹、蒙娜丽莎、NIKE、adidas、CAMEL、JEANSWEST（真维斯）、SEMIR（森马）、361°等。

除以品牌作为属名外，一些风格独特、个性十足、标新立异的词语也被拿来做店铺的属名。它们或将经营品种和服务特色蕴含于新词新语之中，或采用谐音的方式言在此而意在彼，如潮流前线、新新娘、城市心情、张扬·新概念、唯衣、新鞋来潮、一剪美、衣衣布舍、衫国演义等。

2. 属名＋业名

在店名中省略通名，体现了语言经济简明的原则。如何能让顾客在最短的时间里记住店名无疑是每个店家非常关注的问题，省略通名的确是一个行之有效的方法。在我们所调查的5282个店名中，属名+业名的店名共有1883个，占所调查店名总数的35.65%，是店名构成中所占比例最高的一种类型。这种结构的店名既通过属名突出了店铺的个性特色，又通过业名提示了店铺的经营范围或商品种类，因此很受商家青睐，如娇美人服饰、张亮麻辣烫、汉中擀面皮、胖子烤肉、老童家牛羊肉、速美印务、通达广告、快捷印刷等。

3. 属名+通名

属名+通名的店名共有952个，占总数的18.02%。相比其他商业街区，大唐西市和书院门商业街区中属名+通名的店铺数量占比较高。通过分析可以发现，这类店名构成与这些商业街区所蕴含的文化背景有着密切的关系。大唐西市和书院门商业街区以出售古董、仿古装饰品、文房四宝、书法字画为主，在装修风格以及店铺形象设计上多追求古典雅致。与之相匹配，这些店铺在命名上也以追摹古风为业界导向，多以古朴雅致的双音节属名外加一个古式通名作为店名，进而形成了以仿古店铺名称为主流的集中地，代表性商铺如翰林轩、荣翠轩、宝风阁、盛林苑、弘艺轩、荣攸斋、方宝斋、文昌斋、云集轩、雍华斋、鸿儒阁等。

4. 属名+业名+通名

这类店名共1106个，占总数的20.94%，数量仅次于属名+业名的店名。相较其他结构的店名，属名+业名+通名的店名给人一种稳妥踏实的感觉，且能在周边引发更加强大的辐射效应,如康复路的鞋业一条街以及金康路上的茶文化街,其中的店铺都拥有较为类似的店名结构,它与店家相互比拼的心理有关,是命名上的相互影响造成的,如步云鞋业、迈驰鞋业、大拇指鞋业、紫云茶行、清峰茶行、龙井茶行等。

5. 只有业名

业名标明商品的行业特征或者店铺的经营范围和经营特点。在所统计的店名中,单以业名作为店名的有171个,占总数的3.24%。通过统计分析,我们发现纯业名的店名具有三个特征:(1)店铺经营的商品自身具有较高的知名度,如铁观音、乌龙茶、白茶、大红袍、普洱茶、富硒茶等;(2)产品本身已建立起实惠、廉价的商品形象,使用纯业名在消费人群中更能发挥简洁明了的宣传效果,如铁板鱿鱼、牛肉米粉、丸子三鲜汤、排骨米饭、羊肉泡馍、肉丁胡辣汤等;(3)在特殊专业领域也会出现以专业性较强的商品或者服务为店名,如防腐保温、数码喷墨全抛釉瓷片、高分子免漆板、外墙保温建材、金银币等。

6. 业名+通名

业名+通名的店名是六类店名结构中数量最少的一类,仅有102个,约占1.93%。业名+通名的店名具有平易朴实、通俗明了的特点。不过,这类店铺因缺乏属名,不能突出和体现店铺的个性,主要面向社区内的普通消费者,一般经营日常生活用品或者提供日常生活服务,如裁缝铺、扯面馆、调味居、修鞋店、馄饨铺、泡馍馆、米线店、包子铺等。

二 店名各部分的用字用词分析

(一) 属名的用字用词分析

属名恰似人的名字,是最具区别特征的部分,商家往往在属名上大做文章,以彰显个性、突出风格。具体来说,属名用词主要有以下几种类型:

1. 以地名作为属名

以地名作为属名的店铺,多是因为该地区的某种商品很有特色,在业界享有很高的声望,深受消费者青睐,所以店家才直接采用这个响亮的名号作为店名来招揽顾客,如岐山擀面皮、和田玉、江南布艺、汉城烧烤、台北牛排、武汉热干面等。

2. 以自然风光、人文古迹作为属名

以自然风光、人文古迹作为属名的店名多是因为店铺位于这些自然风光或者人文古迹的附近,而这些自然风光或者人文古迹非常著名,于是店家以此作为店铺属名。一方面,可以起到与同类店铺相互区别的作用;另一方面,也可以借自然风光和名胜古迹的知名度为自己的店铺进行一定的宣传。代表性店名有公园便利店、钟楼饭店、下马陵殡葬用品服务部、鼓楼民族服饰等。

3. 以店主的姓氏名号或体态特征作为属名

这类属名多用于饮食业的店铺。民以食为天,吃是人生的第一要务,人们在烹制食物的过程中,会形成自己的独家配方并打造出与众不同的口味,如历史上非常有名的"东坡肉"。因此饮食店名多以宗族姓氏或者店主个性化的体态特征作为属名,来突出其店铺独门独派的独家秘方或者私房特色,如毛记冒菜、杨氏擀面皮、小卫臊子饸饹、老马家牛羊肉泡馍馆、刘刚热米皮、老朱家传统蒸饺、袁记肉夹馍等。

4. 以商品的品牌作为属名

以商品的品牌作为属名的店铺大多为连锁经营模式,这些品牌具有很高的知名度,直接以品牌作为店名,显得高端大气,简约中自带流行属性。代表性店名有哥弟、香舍丽榭、云裳、森马、海澜之家、以纯、安踏、周大福、人人乐、华润万家、麦德龙、阿依莲、百丽等。

5. 以与商品特色或者行业相关的词语作为属名

这类属名用字用词非常独特,能将店铺的个性特色与商品的行业特征紧密结合。一方面,能够提示出店铺的经营范围和商品种类;另一方面,也能凸显商品的特色和优长,表达店家对店铺生意兴隆的美好祝愿,从而对店铺起到积极的宣传推介效果。代表性店名有香百合花坊、四季鲜花店、四通广告、金剪制衣、兴隆广告、梵高相框、秦韵戏曲茶吧、博文书店、多又鲜蔬菜、雅致服饰、绝味砂锅香嘴面、英姿形象设计等。

6. 以流行语或者个性化的词语作为属名

店铺的名称是店铺给予顾客的第一印象,为了尽可能吸引顾客的眼球,让顾客产生好奇心或者新鲜感,尤其是为了吸引那些年轻的消费群体,店主会想方设法,为店铺取一个紧跟潮流、新奇另类、个性突出的名称，从而吸引顾客驻足并进店一探究竟。一些店主会选择以流行语或者个性化的词语作为属名，如辣婆婆、欧味多、傻得冒冒菜、1∶1∶1餐吧、暖尚彩妆吧、依俊卿、燎原美妆、衣拉客、泼妇鱼庄等。

7. 以朴实平易的词语作为属名

不同年龄段的消费者有不同的消费需求和审美追求，年轻的消费者充满好奇心，喜欢追逐时尚、标新立异，因此现代时尚、新奇另类的店名一般很受年轻人的青睐。对于中老年顾客而言，平易朴实、温馨亲切的店名更容易使他们产生心理和情感上的共鸣，因此一些店主不跟风、不追潮，坚定踏实地走自己简约质朴的路线，在店名中使用亲切平实的词语作为属名，如群众厨房、自然美补发、温馨饺子馆、好来印务、零嘴健康零食、好再来美食等。

8. 以体现西安古都历史文化的词语作为属名

西安是世界闻名的古都，古称"长安"，中国历史上曾经有十三个王朝在西安建都，汉代和唐代在中国历史上影响深远。为了体现汉唐雄风，也为了突出地域特色、彰显西安深厚久远的历史文化，一些店铺在属名中使用了能够体现西安古都历史文化的词语，如大唐广告、长安青铜器、翰墨长安、长安驿站、唐朝单车社、嘉汇汉唐书城、鼎盛长安、大唐车行、古城车辆经销处、汉唐轩等。

9. 以表达店主祈福求吉、渴望发财等意味的词语作为属名

店名的直接目的是标明商品类型或经营范围，从而吸引

和招揽顾客，为店主赢得好的商机，实现丰厚的经济效益。因此，店主在为店铺命名时喜欢使用包含吉利喜庆、祈福求吉、渴望发财等意味的词语作为属名，希望自己的店铺能够商机满满，财源滚滚，如福荣烟酒商店、聚元招待所、鸿运招待所、金来牌匾、顺达数码摄像馆、旺旺面屋、福美商店、如意零食店、富贵馄饨等。

（二）业名的用字用词分析

业名标明商品或服务的行业特征，业名的数量和分类可以反映城市的经济发展水平和人们的生活面貌。我们对实地调查的5282个21世纪以来的西安店名进行了分类统计，发现这些店名主要涉及餐饮、服饰、百货、化妆品、美容美发、广告制作、住宿、医药、文具、古玩、文房四宝、印刷、广告、娱乐、房地产等商业门类。相比清末到20世纪末，21世纪西安店名涉及的商业门类更加丰富，不仅有满足日常基本生活和生产需要的行业，而且新增了很多服务性行业，如游戏娱乐、个人养生、房产中介、便利购物等，这充分说明了在物质日益丰富的当代，人们对精神生活的需求正在日益增长。

传统的店铺业名一般比较粗泛笼统，不过，随着经济的发展、社会生活的变化，同一行业的店铺会分化出不同的业名，业名的差异体现了行业分类的日益精细化以及优胜劣汰的行业法则。接下来，我们具体分析一些行业的业名用词。

1. 宾馆类业名：招待所、旅社、宾馆、饭店、酒店

宾馆古已有之，不同历史时期，宾馆的名称不同：殷商的宾馆称为"驿站"；周朝时规模较大、级别较高的宾馆叫

"侯馆"，一般宾馆称为"逆旅"；魏晋时期将接待外宾的地方称为"四夷馆"；唐代则称之为"蕃坊""四方馆""会同馆"。现代酒店在我国出现得比较晚，酒店（hotel）一词来源于法语，意思是贵族在乡间招待贵宾的别墅。在称呼上，我国南方一般使用"酒店"，北方一般使用"饭店"。有代表性的在20世纪30年代有北京饭店，五六十年代有广州东方宾馆，那时的酒店一般只提供吃住，而七八十年代的酒店设施豪华、功能齐全，能够提供多种服务。

当代西安店名中的宾馆类业名，根据其营业规模、自身环境、专业化程度以及所提供服务的不同，具有不同的内涵。地理位置比较偏僻、规模较小、自身环境一般、只提供住宿的店铺一般叫"招待所"或"旅社"，如安馨招待所、安顺招待所、爱家招待所、八里旅社、便民旅社等；地理位置不算偏僻、有一定规模、环境较好、能同时提供餐饮的店铺，一般叫"宾馆"，如安洁宾馆、百家宾馆、彩虹宾馆、大唐宾馆等；地处繁华闹市区、规模大、软硬件条件好、除了提供住宿餐饮还提供其他生活服务的专业化程度较高的店铺一般叫"酒店"或者"饭店"，如如家酒店、奥都酒店、博丽雅酒店、布丁酒店、宝兴饭店、北城饭店等。

2. 理发美发类业名：理发、美发、发艺、形象设计、造型

当下社会，随着物质生活水平的不断提高，人们越来越注重自身的外表和形象。发型的改变可以改变一个人的外表和气质，塑造不同的个人形象，理发美发成为人们日常生活的重要需求。在西安的街头巷尾，我们可以看到很多理发美发店。理发美发店铺会根据其消费群体、经营规模、环境设

施、所能提供的服务以及所处的地理位置的不同，使用不同的业名。小街小巷中环境设施一般、主要为中老年顾客提供简单的剪发烫染的店铺一般称为"理发店"，如春风理发店、小梅理发店、雅芳理发店等；主要针对年轻的消费群体、能提供多种美发需求、环境设施好且地理位置比较优越的店铺，在业名上则颇多讲究，往往要显示出高级的品位和非凡的气派，业名主要使用烫染、美发、发艺、形象设计等，如韩国风烫染美发沙龙、春记美发、完美发艺、高斌形象设计中心等；近年来，"造型"这个业名比较流行，如塑美造型、空灵造型、完初造型、Mood 造型、爱尚造型、尚品造型、阿龙造型等。

3. 美容养生类业名：SPA、美容养生、生活、美容美体

当下社会，由于竞争不断加剧，工作压力不断增大，生活节奏越来越快，加之睡眠不足、饮食结构不合理等问题，现代都市人的生理疾病和心理疾病越来越高发，很多的人身体处于亚健康状态，于是养生开始渐渐流行。在西安的街头或者小区里，我们可以看到各种各样的养生馆。养生馆通过按摩、理疗辅以适当的药物和心理调节，帮助现代的都市人来缓解压力、调节身心，这一服务行业越来越受到当代都市人的欢迎。理疗养生往往和减肥美容相互关联，这些店铺的主要服务对象是有审美追求的女性，因此其业名往往紧跟时代潮流，显示其时尚前卫、致力塑美的特征。美容养生店铺的业名主要有 SPA、美容养生、生活、美容美体等。

SPA 是拉丁文"Solus Par Agula"的缩写，solus 是健康的意思，par 是经由的意思，agula 是水的意思，"Solus Par Agula"的意思是指用水来达到健康,即"水疗"。SPA美容是指通过专业的水疗方法进行养颜美容,即把溶于水中的矿物质、微量元素及其他专业护肤品用于脸部的护理、推拿和按摩,通过皮肤的吸收来补充皮肤的营养、改善肤质,从而使皮肤变得光滑细嫩、富有弹性。在进行SPA时,可以使身心得到很好的调节和放松,从而达到健康美容的功效,此类业名如静美轩SPA、悦君艺术SPA、静悦轩SPA、东方水润SPA等。

以美容养生、生活、美容美体为业名的店名有景韵美容养生馆、健康岛美容养生、娜美儿专业女子养生馆、康乐美美容养生馆、花之语美容养生会所、无极限中草药美容养生馆、幸福有约生活馆、桑乐健康生活馆、雅轩生活馆、韩式生活馆、阿曼美容美体、丽之秀美容美体、集美轩美容美体中心、集丽舫美容美体连锁等。

4. 网吧类业名:网咖

21世纪初,网咖在西安的大街小巷开始出现,最近十年,网咖非常流行,我们在大街上已经很少看到网吧了。相比之前网吧烟雾缭绕、各种味道夹杂在一起的脏乱差的环境,网咖的环境温馨优雅、硬件高端并提供餐点,总体来说服务品质较好。当前,随着电脑和手机的普及,人们的上网渠道越来越多元化,人们去网咖,除了满足最基本的上网需求外,更注重的是消费体验。西安大多数传统网吧都已经开始转型做网咖,代表性的店名如极速部落网咖、潮点网咖、啪啪网咖、佐客网咖、虎猫网咖、北战网咖、绿树网咖等。

5. 娱乐游戏类业名:桌游、动漫、游艺

随着日益增加的工作和生活压力,现代都市人越来越渴望身心的放松，工作之余，休闲娱乐成为人们日常生活的重要组成部分，玩桌游、观看动漫以及参与各种线上线下的游戏成为人们日常休闲娱乐的重要方式。桌游来源于英文"Board Game"，是指在特定的图板或盘面上放置、移除或者移动一些指示物的游戏。桌游不像电子游戏那样依赖电子设备及电子技术，它更注重对思维方式、语言表达能力以及情商的锻炼，常见的桌游有麻将、象棋、围棋、扑克、字牌等。我们搜集到的西安店名中表示娱乐游戏类的业名主要有桌游、动漫、游艺等，具体店名如悍跳狼人杀桌游俱乐部、一行一宿桌游吧、黑匣子桌游吧、冰恋巴黎畅饮桌游吧、天地桌游、逸趣桌游、雅酷动漫、永旺动漫城、万合动漫、新起点游艺、悦翔游艺等。

6. 房产中介类业名：房屋、房产、地产、置业、不动产

随着西安城市规模的不断扩大，西安的城市人口不断增加，住房问题成为人们面临的重要生活问题。年轻人刚参加工作，没有条件买房，作为生活的过渡，租房成为很多年轻人的选择。随着父母对孩子教育的日益重视，面对教育资源不均衡的现实，父母为孩子择校的现象越来越普遍。伴随孩子择校，很多父母选择租房陪读。在西安，工作生活稳定的常住人口需要买房安家，流动人口则需要租房来暂时获得安顿，房产中介可以为人们提供房屋买卖和租赁的服务，因此，当下的房产中介业务越来越红火。在大型小区附近，我们常常可以看到房产中介公司。房产中介业态的兴起与繁荣反映了现代人口较大的流动性和人们居住观念的改变。在我们所调查的当代西安店名中，房产中介类的业名主要有房屋、房

产、地产、置业、不动产等，店名如玛雅房屋、源兴房屋、鼎盛房产、百世房产、链家地产、意诚房产、尚居地产、百安居置业、21世纪不动产等。

7. 小型零售类业名：便利（店）

便利店的英文是"Convenience Store"，它是从超市分化出来的一种零售业态。便利店以满足人们的便利性购物需求为商业宗旨，一般位于居民区、街角或者繁华闹市区，以经营日常性消费商品或服务为主，采取自选式的购物方式，能够满足人们购买少量商品或即刻购物的需求。如果说，超市带来了第一次消费观念的革命，那么无处不在的便利店则带来了第二次消费观念的革命。与大型超市相比，便利店具有距离近、购物时间灵活、购物便捷、服务周到的便利性。现在的便利店大多是连锁经营，有些实行24小时服务。代表性店名有唐久便利、松林便利店、魏家便利、玖润便利店、每一天便利店、芙蓉兴盛便利超市等。

综上所述，通过对业名用词的分析可以看出，在人们的物质生活水平不断提高的当下，同一行业内部的分工更加精细化，同时，人们价值观念和生活观念的改变催生了一批新的业态。在当代西安店名中，我们可以看到服务行业以及娱乐消费成为现代都市人生活的一个重要组成部分。

（三）通名的用字用词分析

通名，是商业单位的通用称呼，相比清末到20世纪末，当代西安店名的通名更加丰富。在我们实地调查的5282个当代西安店名中，通名共有 66 种，分别是（商）店、业、馆、行、阁、坊、公司、超市、堂、城、轩、庄、斋、吧、园、房、屋、厅、中心、苑、部、居、社、楼、工厂、大厦、栈、广场、府、沙龙、工作室、站、大全、会所、记、铺、总汇、世界、都、汇、院、庄园、部落、帮、村、处、岛、谷、街区、家、机构、廊、市场、舍、林、肆、公社、会所、族、空间、世家、地带、会、秀、镇、窝等。其中（商）店、馆、行、堂、轩、阁、超市、房、屋、斋、楼、居、吧、苑、业、中心、会所、沙龙、世界、工作室为使用频率最高的 20 个通名。接下来，分别对通名的来源与语义进行分析。

1. 通名的来源

当代西安店名的通名既有单音节的，如店、业、馆、行、阁、坊、堂、城、所、轩、庄、斋、吧、园、房、屋等，也有双音节和三音节的，如商店、超市、公司、广场、大厦、沙龙、会所、世界、中心、空间、世家、地带、工作室等。店名中既有继承古代汉语的通名，如馆、行、阁、坊、堂、轩、庄、斋、店、苑、楼、府、铺、都、廊、舍、肆等，也有来自现代汉语的通名，如商店、业、公司、超市、工厂、大厦、广场、大全、总汇、世界、帮、村、处、岛、市场、中心等，还有来自外语的通名，如沙龙、会所、工作室、秀、吧等。旧词新用的通名往往是为了追求古朴雅致、闲适优雅的情调和浓厚的文化氛围，现代汉语新造的通名给人以新鲜活泼的生机，来自外语的通名给人一种独特的异域风情。下面我们重点介绍一些来自外语的通名。

(1) 沙龙

"沙龙"一词最早源于法语，原指法国上层人物住宅中的豪华会客厅。从 17 世纪起，巴黎的名媛贵妇常把客厅变成著名的社交场所，这里聚集了社会上层人物和各界名流，他们汇聚一堂，谈天论地，无拘无束，后来人们便把这种形式的聚会称为沙龙。随后这种现象风靡欧美各国文化界，在 19 世纪达到了鼎盛期。当代西安店名以沙龙为通名，意在体现店铺注重创造精品、在较小的圈子内营造充满创意和贵族气息的内涵的追求，大多用在美发行业，如优尼美发沙龙、国花美发沙龙、绝色美甲沙龙、8090 发饰沙龙、子培形象沙龙、王子国际美发沙龙、完美沙龙、婷婷烫染沙龙等。

(2) 会所

会所的英文为"club"，音译即为俱乐部。俱乐部产生于 17 世纪的欧洲，它指有着共同兴趣爱好的一群人组成的一个联盟。随着社会的发展，这种联盟因为给各种不同兴趣爱好的人提供了一种相对私密的社交环境而大受欢迎并逐渐流行开来，成为具有一定社会身份和地位的人士交往聚会及娱乐休闲的场所，会所成员资格成为财富的象征与身份的标签。20 世纪初，俱乐部被引入中国，俱乐部现在是指进行社会、文化、艺术、体育、娱乐等活动的团体或场所，其表示场所之意，现在常用会所一词来表达。西安店名中以会所为通名，往往是为了强调其私人化和高档化的服务，如猫狗宠物会所、红森林宠物会所、国尊会所、潮人形象会所、涵美名媛堂养生会所、水木轩私人会所、俊瑛美容美体养生会所等。

（3）工作室

工作室的英文为"studio"，是指为了同一个理想、愿望、利益等而组成的一个集体或组织，是后者用来进行创意设计和生产的空间。西安店名中以工作室为通名，往往是为了强调其店铺的专业性，目前美发、美甲、健身行业的通名较多使用工作室，如指尚工作室、中田健身工作室、唯爱美工作室、甲方乙方美发工作室、丝舍美发工作室、完美发艺工作室等。

（4）秀

秀来自英文的"show"，意思是表演、展览、展出，最早是从国外的时装表演（fashion show）引入汉语。西安店名中带"秀"字的通名，往往体现了某种商品的独特性，或是提示出商家在提供商品的同时还带有表演项目，如自由秀、美甲秀、韩之秀、欧姿秀、天月宫茶秀等。

（5）吧

吧来自英语的"bar"，是酒吧的意思，后来泛指进行某种休闲娱乐活动的场所。用吧作为词缀，产生了很多新词，如网吧、书吧、茶吧、话吧、水吧、陶吧等。当代西安店名中用吧作为通名的，如后街酒吧、南街酒吧、自由穿书吧、粉阁美甲吧、秦韵戏曲茶吧、Helen 西餐吧等。

通过对通名的梳理，我们发现，以"店"字为通名的店铺涉及范围在逐渐缩小，比如"××服装店"这种店铺名称已经很少见了，它不符合当下人们在审美上和品位上的追求。服装店名在脱离属名+业名+通名结构的同时，也在脱离以店为通名的传统模式，逐渐转化为以纯属名（多为品牌名称或以彰显个性为主的名称）为店名。与之相对的是，类似于堂、轩、阁、斋、庄、坊等带有古典风格的通名辐射面越来越广，除了出现在经营古玩、茶叶、珠宝玉器、文房四宝、字画、药品等的店铺外，还越来越多地出现在休闲娱乐会所、餐饮住宿店铺中。店铺主人抓住当下人们复兴传统文化的热潮，以标新立异的店名吸引顾客注意，为自己的店铺平添一份古典雅致的情调。同时，新通名的出现以及对旧通名的使用也展现出现代都市文化的不同发展阶段对人思想意识的影响。一些与时尚流行密切相关的行业，如服装、化妆品、美容美发、休闲娱乐类的店铺，以年轻人为主要的消费人群，为了满足年轻人求新求异、好奇心强、善于接受新事物的特点，店主常常使用新潮时尚、充满时代潮流气息的通名。

2. 通名的语义

传统的店铺是进行商品交易的室内空间，因此通名一般是店、铺、馆等表示建筑或者室内空间的词语。当代西安店名的通名突破了原有通名的内涵，五花八门，非常丰富。透过形形色色的名称，我们可以找到多种通名之间内在的语义关联，概括起来，66种通名的语义主要集中在以下几个方面：

（1）表示建筑或者室内空间，是商品交易的具体地点

店：来润五金店、好再来营养快餐店、安居粮油店、兴旺鞋店、童年食客零食店

庄：腾达笔庄、国根笔庄、墨草庄、盛大庄、溢香园茶庄、玖银庄、泼妇鱼庄

斋：顺意斋、荣鑫斋、博雅斋、秦文斋、文古斋、精艺

斋、文昌斋、进宝斋

阁：紫清阁、藏珍阁、宝丰阁、天宝阁、龙凤阁、紫云阁、聚雅阁

馆：国石馆、毛庐艺术馆、家和大菜馆、傻得冒冒菜馆、成都平价川菜馆、圆顺面馆

堂：多宝堂、香积堂、老学堂、长乐堂、聚贤堂、天真堂、兴华堂、秦汉堂、二序堂

屋：玲玲面屋、宝珍画屋、曲值书屋、精品鞋屋、时光屋、麦子小屋、魅力肆射鞋屋

铺：猫铺、精品包铺、袁小铺、3+1嘟嘟面铺、包子铺、千里香馄饨铺

房：老百姓大药房、广济大药房、家园大药房、普济堂大药房、伟信大药房

楼：万印楼、静馨楼、悦翔楼、聚鑫楼、状元楼、玉万楼、商南茶楼、面辣子酒楼

居：德馨居、雅味居、大宝居、上品居

坊：乐玉坊、张三纸坊、安居巷熟食坊、佬香翁红薯坊、尚品名包坊、丽人坊

城：南大街茶城、西北国际茶城、自在轩动漫城、时尚阳光动漫城、邪之城

（2）表示户外空间，强调特定商品在此汇聚，种类齐全

园：静晓园、鲜果园、百果园

苑：盛林苑、曦文画苑、丁玲画苑、金宝艺苑、宝来聚书苑、华仁书画苑、翰墨苑

廊：振云画廊、居安详画廊、汉唐油画廊、灞柳画廊、

嘉程画廊、佳宝晟画廊

中心：高斌形象设计中心、纤美美体中心、佛兰雪雅美容瘦身中心

世界：生态家纺世界、窗帘世界、布艺世界、球拍大世界、车世界

岛：丽人岛、济州岛、钓鱼岛

街区：潮流街区

空间：个人空间

地带：冰点地带

街：洋洋街

镇：衣林小镇

（3）表示具有某种特殊功能、提供某种特殊服务的地方

部：海洋饮料经销部、天元机修部、下马陵殡葬用品服务部、塑钢铝合金工程部

处：吉安锁具联销处、纹墨轩刺青处、凤栖山南区办事处

（4）表示具有某种共同爱好和特点的人，明确面向特定商品的消费者

族：狼之 E 族、i love 爱念族

世家：1860 牛仔世家、熊熊世家

帮：男人帮、鞋帮

通过上面的分析可以看出，进入 21 世纪，西安店铺的通名变得越来越丰富多样。丰富多彩的通名折射出商家经营方式、经营类别的多样化，折射出人们多元的价值取向、多层次的心理需求以及多种文化兼容并存的社会心理，也折射出当代西安人一种开放的心态和活跃的思维，这也是当今中国

对外开放和社会文化多元化的一个缩影。

通过统计我们也发现，5282个店名中的59.11%都没有通名。商业单位的称谓中，通名不是必需的，省去了通名的店铺可以使人们把注意力放在具有独特个性的属名以及体现人们社会生活需求的业名上，同时，通名的省略也是语言使用中经济简明性的一种体现。

第四节　21世纪以来西安店名的语法结构

通过对5032个纯汉字店名的分析整理，我们发现当代西安店名的语法结构呈现多样化的特点，而且所有组合基本不用虚词连接，词汇密度大，以最简洁的结构组合起来传递信息，以求醒目鲜明。归结起来，21世纪西安店名的语法结构形式主要有偏正结构、联合结构、主谓结构、动宾结构、补充结构等。

一　偏正结构

偏正结构由两个部分构成，其中前半部分修饰后半部分，二者之间是修饰与被修饰的关系，如长乐斋、听雨堂、花田咖啡、傣妹火锅、安琪西点、红木工艺、重庆小镇、百业珠宝、安居旅馆、文道书法等。

偏正结构的前半部分最能突出店铺的特色，彰显店家个性，后半部分多是店铺的业名或通名，表明店铺的行业所属、经营范围或商业通称。如文盛（属名）轩（通名）、思贤（属名）阁（通名），属名"文盛"与"思贤"古朴雅致，与后面古色古香的通名"轩"和"阁"相互呼应,相得益彰。通过统计可以看出,偏正结构的店名在店铺名称中所占的比例具有绝对的优势。

二 联合结构

联合结构是由两个或两个以上的词或短语组成,各部分在语法地位上是平等的,在语义上主要表示并列关系。当代西安店名中的联合结构有词和词、短语和短语以及英文字母的相互组合等几种形式,如大街小巷、漂亮妈妈快乐宝宝、左脚右脚、尚东尚西、CC&DD 等。

联合结构的店名多以偶数音节构成,从语义上突出并列的两种或多种事物,或者凸显事物的多种属性,语音上亲切活泼,和谐悦耳,读起来朗朗上口。例如"漂亮妈妈快乐宝宝"是两个定中短语的联合,是对妈妈和宝宝最贴切的描述,增加了顾客对店铺的亲切感。根据统计,联合结构的店名数量总体较少。

三 主谓结构

主谓结构是由主语和谓语两部分组成,前面部分是主语,是被陈述的对象,后面部分是谓语,是对主语部分的陈述说明,如东北人烤肉、新鞋来潮、虎啸岩、英雄煮等。

主谓结构的店名利用两个部分之间陈述与被陈述的关系,来说明店铺经营商品的主要特色,其中主语部分多为店铺的经营者或店铺的主要商品,谓语部分多用动词或动词性词语进行描述,如东北人(经营者)烤(动词)肉、新鞋(主要商品）来（动词）潮等。主谓结构的店名中动词的贴切使用能够增加店名的灵动性，起到画龙点睛的作用。根据统计，主谓结构的店名出现的频率比较低。

四 动宾结构

动宾结构也称述宾结构，是由动语和宾语两部分组成，动语支配、涉及宾语，宾语是动语支配、涉及的对象，如雕刻时光、畅游全科、悦生活、一展印象等。

动宾结构店名中的动词一般都是与店铺经营商品密切相关的动词，宾语一般能体现商品的特色、范围或品牌。在这类店名中，动词的选取非常重要，动词与宾语要相互搭配、相得益彰，既能体现出店铺的特色和个性，又能吸引顾客。总体来说，动宾结构的店名的择取难度比较大，在我们所调查的店名中，该类型出现的频率也很低。

五 补充结构

补充结构是由中心语和补语两部分构成，中心语在前，补语在后，中心语和补语之间是补充和被补充的关系。西安店名中的中心语多为形容词，补语多为副词，如嫽得太、美得很、嫽扎咧等。补充结构"×得太"或"×得很"是具有陕西方言特色的一种表达方式，陕西人常说美得太、好得太，冷得很、热得很，"太"和"很"表示程度很高。

上述补充结构的店名中，有的中心语用了富有西安地域特色的方言词"嫽"。扬雄《方言》中有："嫽，好也；青徐海岱之间或谓之嫽。"《诗经·陈风·月出》中有："佼人嫽兮。"

"嫽"在西安方言中是好、美好的意思。说"嫽"时,西安人一般都饱含满意和赞赏的语气,情感亲切,声音响亮。因为补充结构的店名不符合店名命名的一般规则,所以数量非常少。

综上所述,从语法的角度看,21世纪西安店名中偏正结构占比最高,这一点和清末至20世纪末西安店名的语法特点是一致的。除了偏正结构外,当代西安店名还有主谓、动宾、联合、补充等不同类型的结构,虽然数量比较少,但是相比清末到20世纪末,结构类型还是更丰富一些。

此外,相比新中国成立到20世纪末存在的店铺,21世纪西安店铺的专业性更强,行业分工更加细化,产生了很多新的业态,体现了社会经济的发展和人们不断增长的物质生活和精神生活的需求。与之前的店名相比,当代西安店名在语码构成、音节数量、构成及各部分用字用词、语法结构等方面都有了很大的变化,表现了店主追求自由个性、求新求异的命名心理,也体现了当代人们思维的活跃性、创造性以及汉语本身的包容性。

第五节　21世纪以来西安店名的修辞特点

修辞是指运用语言的方法、技巧和规律,对语言进行修饰调整的艺术化加工,它能使语言表达生动形象、新颖独特、鲜明得体、富有感染力,从而给人留下深刻的印象。修辞有广狭之分:广义的修辞是指运用一切语言手段,如语音、词汇、语法和语义的手段,提高表达效果;狭义的修辞仅仅指使用辞格，即为增强语言的表现力而运用的一系列修饰描摹的特殊方法。常见的辞格有比喻、拟人、夸张、对偶、排比、双关、借代、拟声、引用等。

店名作为一个词或者短语，一般不使用句子中的辞格，通过对西安店名的梳理，我们发现西安店名常用的辞格有仿词、借代、夸张、比喻、引用、拟声等。

一 仿词

仿词是根据表意的需要，更换原有词语中的某个要素，临时仿造出新的词语。仿词从形式上保持着与原有词语近似的特点，从内容上又富有新意，因此具有幽默风趣、新鲜活泼、生动明快的表达效果。[①] 仿词分为音仿和义仿。音仿是用音同或者音近的语素仿造另一个词语，如利用"一路领先"仿造"一路领鲜"，利用"生生不息"仿造"声声不息"，利用"美好时光"仿造"美好食光"等；义仿是利用反义或者类义语素仿造新的词语，如利用"白毛女"仿造"白毛男"，利用"妇女节"仿造"妇男节"，利用"外交家"仿造"内交家"等。

西安店名中的仿词一般是利用人们耳熟能详、读起来朗朗上口的词或者成语，仿造与自己经营商品或者经营特色相关的词语，造成一种语音在此而语义在彼的表达错位，打破人的思维定式，给人以新鲜意外的感觉，从而凸显自己店铺的经营范围或者商品门类，使人印象深刻，便于识记与区别。

---

① 黄伯荣、廖旭东：《现代汉语》下册，高等教育出版社2007年版，第199页。

仿词是当代西安店名中最为常用的一种修辞手法，西安店名中的仿词大多采用音仿的方式，如"美食美客"仿自"每时每刻"，"布拘衣格"仿自"不拘一格"，"星期衣"仿自"星期一"，"饰全饰美""石全石美"仿自"十全十美"，"稀石珍宝"仿自"稀世珍宝"，"巷往咖啡"仿自"向往咖啡"，"衣衣不舍"仿自"依依不舍"，"膜法传奇"仿自"魔法传奇"，"爱手爱脚"仿自"碍手碍脚"，"鱼乐无限"仿自"娱乐无限"等。

二　借代

借代是指不直接说出某人或者某种事物的名称，而是借用同它密切相关的名称去代替它的一种修辞手法。借代重在利用事物之间的相关性，如利用特征、标志代本体，专名代泛称，具体代抽象，部分代整体，结果代原因等方式形成语言上的艺术换名，从而引发人的联想，具有形象生动、鲜明突出的表达效果。

西安店名中的借代一般是用品牌名称去指代该品牌的商品。当今社会，人们越来越重视商品的品质，品牌就是招牌，好的品牌代表好的质量和口碑。很多经营知名品牌商品的店铺一般都是连锁经营，店名一般都用品牌名称来命名，显得简洁明了、清晰醒目，具有很好的宣传效果。一般经营服装或者化妆品的店铺多以品牌名称来命名，如罗蒙、以纯、七匹狼、真维斯、波司登、罗丽丝、米兰、雅诗兰黛、兰蔻、自然堂、资生堂、百雀羚等。

三 夸张

夸张是指言过其实，对客观的人或者事物做扩大、缩小或者超前描述的一种修辞手法。夸张通过对事物某个方面的特征进行合乎情理的渲染，表明作者对事物的鲜明态度，引起读者的丰富想象和强烈共鸣，从而突出事物的本质和特征。西安店名中有不少会采用夸张的店名突出商品的特色、品质或是盈利模式，从而招揽顾客，如绝色美甲沙龙、福建千里香馄饨、万家商店、千色精品、无敌鸡排、完美护肤、巅峰之秀、西安改衣王、陕西第一碗、一分利小吃城等。

四 比喻

比喻也叫"譬喻"，就是打比方，是用本质不同但有相似点的事物去描绘其他事物或者说明道理的修辞方法。比喻里被打比方的事物叫本体，用来打比方的事物叫喻体，联系二者的词语叫作喻词。比喻可以使抽象的事物具象化，使概括的东西形象化，给人留下深刻鲜明的印象。比喻分为明喻、暗喻和借喻。明喻和暗喻本体、喻体、喻词都出现，只是喻词的形式不同，借喻一般不出现本体，直接用喻体来代替本体。[1] 西安店名中用到的比喻一般为借喻，如"九号货仓"把店铺比作存货的仓库，说明商品数量众多，品种齐全，物美价廉；"天使百货商店"中的"天使"可以指店主，也可

---

[1] 黄伯荣、廖旭东：《现代汉语》下册，高等教育出版社2007年版，第186页。

以指顾客，无论是店主还是顾客，将其比作"天使"，都能给人带来无限美好的感受；"脚之家"将修脚的店铺比作"脚的家"，暗示这里不仅可以解决顾客的脚病问题，还能给人一种亲切温馨如同回家的感觉；"花仙子"是一家女士时装店，将穿上该店服饰的顾客比作花仙子，一方面突出了顾客的娇美容颜，另一方面也突出了服饰之美。

五 引用

引用是指有意借用已有的成语、诗文、格言、典故等来表达自己的思想感情和观点见解，从而增强语言表达的感染力和说服力。西安店名中有不少会引用人们耳熟能详的诗文、文学或影视作品中的人名、具有民族特色的语言形式来突出店铺的商品种类或者经营特色，从而吸引人们的注意力，达到商品促销的目的。

如店名"鸿儒阁"中的"鸿儒"指博学多才的人，引自唐代刘禹锡《陋室铭》："谈笑有鸿儒，往来无白丁。""鸿儒阁"主要经营文房四宝和古玩玉器，商品和店名相得益彰，古色古香。"西江月"是词牌名，引自辛弃疾的词作《西江月·夜行黄沙道中》。同名店铺是一家古典服饰店，主营旗袍，店铺里清新飘逸、典雅妩媚的各式旗袍和店名"西江月"的清秀明朗彼此呼应。"天线宝贝"是一家经营童装的店铺，店名出自儿童节目《天线宝宝》，显得天真活泼。"古惑仔"是一家经营男士服装的店铺，店名出自电影《古惑仔》，展现了男性深沉阳刚的性别特点。"椒太郎烫菜馆"是一家餐馆，口味特色主打花椒。"焦太狼"是动画片《喜羊羊与灰太狼》中的一个角色,"椒太郎"谐音"焦太郎",显得幽默诙谐。"扎西德勒"来自藏语词汇,"扎西"是吉祥的意思,"德勒"是好的意思,"扎西德勒"指吉祥如意,表达对客人的欢迎和祝福。店名"扎西德勒"透露出店铺经营的是具有藏族风情的商品。"女娲茗茶"中的"女娲"是中国古代神话中的创世女神。传说女娲模仿自己的样子,抟黄土造人,一日中七十变化,创造了人类社会并建立了婚姻制度。远古之时,天塌地陷,水火泛滥,鸷鸟猛兽出没,人类遭受巨大灾难。女娲炼五色石以补苍天,砍断神鳌之足撑起四方,止息水火之灾,消灭鸷鸟猛兽,人类才得以安居乐业。女娲是中华民族的人文先祖,具有非常深厚的文化意蕴。"女娲茗茶"可以突出该店"茗茶"的悠久历史以及与众不同的口感。"潘多拉婚纱摄影"中的"潘多拉"是古希腊神话中的一个人物,"潘"是所有的意思,"多拉"是礼物,"潘多拉"就是拥有一切天赋的女人。潘多拉是宙斯为了惩罚普罗米修斯盗火给人类而让自己的儿子火神赫淮斯托斯用黏土做成的一个女人。众神赋予这个女人美丽的外表、高超的言语技能以及妩媚多姿这一诱惑男人的力量。宙斯把潘多拉送给了普罗米修斯的弟弟埃庇米修斯做妻子,并送给潘多拉一个密封的魔盒,盒子里装满了灾难、祸害和瘟疫。潘多拉出于好奇,无意中打开了盒子,于是人类从此饱受灾难、祸害和瘟疫的折磨。婚纱摄影店用"潘多拉"作为属名,应该是为了突出她娇艳妩媚的一面。

六 拟声

拟声是指在语言表达中模拟自然界或者人类社会的各种声响，使语言表达富于生活气息、活泼生动、鲜明突出，能够增强语言的形象色彩，使人如闻其声、如临其境，有更深切的在场感和亲历感。西安店名中用到的一些拟声词，如叽叽喳喳、嗒嘀嗒、啪啪啦、咕噜咕噜、哎呀呀等，这些拟声词或者模拟自然界的音响，或者模仿人类的声音，读起来富有节奏和韵律的美感。这些含有拟声词的店铺一般经营儿童用品或者女生的小饰品，店名富有童趣和明快的语感。

除了上面的修辞手法之外，个别店名还采用反语的手法，如丑女服饰、泼妇鱼庄、傻得冒冒菜、没鞋穿等。店主在店铺命名时采用正话反说的方式也是为了求新求异，吸引顾客的目光，增加顾客的回头率，从而给店铺创造更多的商机。

综上所述，当代西安店名中使用了多种修辞手法，这些修辞手法的表达方式各不相同：或显豁，或含蓄；或典雅，或俗白；或古色古香，或现代时尚；或出人意料，或令人忍俊不禁。但它们都有一个共同的目的，就是尽可能地通过店名体现店铺的个性，吸引顾客的眼球，达到商业促销的目的。

第六节 21世纪以来西安店名中的不规范现象及其改进建议和措施

语言规范化是指在语言的语音、词汇、语法及书写等方面确定统一的标准，推广那些合乎规范的现象，限制并逐渐淘汰那些不合规范的现象，从而使语言沿着正确健康的方向发展，更好地服务于人们的日常交际。[①] 21世纪以来，西安店名中有很多形式与内容俱佳的店名，但是也存在一些不规范、不和谐的名称。城市店名是城市文化的重要组成部分，是城市的微观名片。从语言规范化的角度去关注西安店名，一方面可以为商家的店铺命名提供直接的指导和帮助，避免出现店名不规范的现象，从而提升店铺的文化品位和行业竞争力；另一方面也有利于西安城市文明语言体系的建构，促进西安城市语言的健康和谐发展，助力西安城市文化建设，塑造西安城市文化形象，提升西安城市文化品位，增强西安城市文化的竞争力。

一 店铺名称的不规范现象

西安店名的不规范现象主要体现在名称方面和书写方面。

（一）名称方面的不规范现象

1. 尚大

传统"店""铺"之类的通名，往往体现了店铺投入本钱少、规模小的经营特点。当代有些商家往往觉得其档次低，极力避之，千方百计用一些气派响亮的大名号，如"城""中心""大世界""天地""集团""广场""楼"等，以期彰显其店铺的高档豪华。这样豪华大气的通名与店铺的小小门面形成了强烈的反差，完全名不副实，一方面误导了消费

[①] 施春宏：《语言在交际中规范》，中国经济出版社2005年版，第215页。

者,另一方面也暴露了商家好面子的浮夸心理和商业诚信的缺失,使消费者有被欺骗的感觉,对店铺的印象分大大降低,从而对商业活动产生了一定的负面影响。此类店名如满意鞋城、好再来火锅城、时尚服饰中心、窗帘大世界、精美饰品大世界等。

2. 崇洋

店铺的命名要能体现商品的具体信息和店铺的经营特色,做到店名与商品的协调统一。经营外来商品的店铺,为了宣传自己的商品,必要时可以采用外文或外文音译来进行命名。有些店铺经营的不是进口商品,而是国产商品,消费对象也不是外宾,而是国内顾客,但是为了吸引顾客,店主故意取一个洋名,这样哗众取宠的行为有故意制造噱头的嫌疑,体现出店主盲目洋化的心理,此类店名如 MeLODY、ANNZOK、What、I LIKE As usual、铂宫卡地亚、纽约纽约、首尔、柏林等。

3. 求异

一些店铺为了吸引顾客,不考虑店名与商品之间的关系,在店名上一味标新立异,违背公共道德。或者使用一些容易引起争议的名称,或者以丑为美、博人眼球,或者使用生僻怪异或低级庸俗的词语。代表性店名有腰斩刺青主题酒吧、草莓屁股生活馆、小米虫子、邪之城、小妖甜美、包妮美、鱼吻生活馆、钓鱼岛、泼妇鱼庄等。

4. 慕奢

随着经济的发展,人们的物质生活条件越来越好,一些人开始极度追求物质享受。一些店主为了满足这一部分人的心理需求，在店名上大做文章。消费者被店家"封王封后"，好像进店消费就可以享受到王公贵族般的待遇，感受极度的奢华，体验醉生梦死的生活。这样的店名宣扬与皇家和贵族相关的封建意识，一味追求感官刺激和物质享受，体现了消极颓废与低级媚俗的倾向，对整个西安城市文化氛围的营造具有消极的影响。此类店名如王子国孙酒店、王府美食、天子海鲜酒楼、至尊烫染沙龙等。

西安店铺命名在整体上具有积极阳光、乐观向上以及自由开放、充满个性的特点，但是有部分店名区别性特征较弱、反映商品或行业信息不够清晰，这类店铺名称也需要改进。

（二）店铺牌匾书写方面的不规范现象

《中华人民共和国国家通用语言文字法》规定：店铺招牌除手书或者篆刻等形式可以使用繁体字或异体字外，其他形式一律要使用简化汉字。店名拼音书写要以《汉语拼音方案》作为拼写和注音工具。对照《中华人民共和国国家通用语言文字法》和《汉语拼音方案》，当代西安店名在书写方面存在以下问题：

1. 出现错别字，滥用繁体字

21世纪西安店名中存在错别字，这种低级错误会严重影响店铺的商业形象和文化品位，因此商家必须重视。如"西安琴行"中"琴"下面的"今"写成了"令"，"一鹤飞羊绒精品"中"绒"右上角的一点没有了，"馅饼第一家"中

"馅"的右边写成了"舀",见下图。

我国的语言文字相关法律规定,除了手写或篆刻等形式之外,一般店铺的招牌都要使用简化汉字进行书写,但是我们在印刷体的店铺牌匾中,看到了大量的繁体字。如"嘉楠工艺"中的"艺"写成了"藝",店名"龙凤阁"写成了"龍鳳閣","关中宝藏"写成了"關中寶藏"(而且"關"字的内部写错了),"正源堂膏药铺"写成了"正源堂膏藥鋪",见下图。

2. 书写顺序错误

(1)简化字的书写顺序错误

《中华人民共和国国家通用语言文字法》规定,简化汉字的书写顺序是从左到右，但是有些店铺牌匾的汉字书写却是从右到左，如下图中的"烟酒特产""福德茶"。

(2) 繁体字的书写顺序错误

在传统的书法艺术中，书写顺序一般是从右到左，从上到下，落款在左下。我们在当代西安店名的调查中发现，一些店名的手写体采用繁体字，但是书写顺序却不符合传统的书法规则。

1）从左到右书写，落款在右，如下图"翠宝源""东欣商店""兴盛园""恒源发"等。

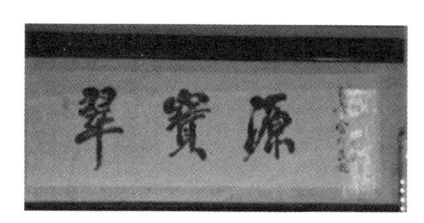

2）从左到右书写，落款在左，如"香草美人""丰海轩酒楼"等。

笔者认为，店名牌匾如果是手书繁体字，建议遵守古代书写的章法，否则用了古代的书体，却用现代的书写顺序，就显得有些不太和谐了。

（三）汉语拼音书写出现错误

《汉语拼音方案》规定：拼写普通话原则上要以词为单位，同一个词的不同音节之间要连写，词和词之间要分写，专有名词的第一个字母要大写，如"Xi'an de dianming"（西安的店名）。我们在调查中发现，当代西安店铺牌匾上汉语拼音的书写形式比较混乱，没有遵守《汉语拼音方案》的基本要求，有的没有分词连写，有的没有区分大小写，见下图。

杭州是一个城市名称，是一个专有名词，根据《汉语拼音方案》的规定，左上方牌匾的拼音"HangZhou"中的"Z"不应该大写，应该写为"Hangzhou"。"魅族"是一款手

机的品牌名称,是一个专有名词,该品牌手机的商标设计采用拼音形式,拼音应该写成"Meizu"。如果为了突出或者强调,也可以采用全部大写的形式,写成"MEIZU"。但是该商标的拼音却写成了"mEIZU",这种大小写混合的形式违反了《汉语拼音方案》的规定。如何在遵守国家相关语言文字规范的基础上,实现商标及广告语言的艺术化表达,在二者之间达到一种平衡与协调,这个问题值得我们深入探讨。

(四) 英文书写出现错误

西安店铺牌匾有的采用英文书写,但在书写中出现了翻译错误或拼写错误。

1. 翻译错误

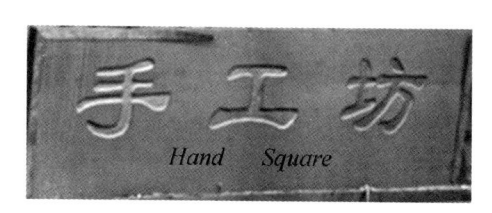

上图中的店名"手工坊"翻译为"Hand Square"是错误的。"手工"如果是名词,应翻译为"handwork"(手工活)或"handiwork"(手工制品),如果是形容词,应翻译为"hand-operated"(手摇的、手动的)或"manual"(手工的、体力的、人工的)。根据"手工"的不同意义,结合店铺的特点,店名中的"手工"应该是指手工制品,所以应该翻译为"handiwork"。"坊"翻译为"square",也是需要商榷的。因为"square"的意思很丰富,做名词时,有"正方形、广场、街区"等意义,但是这个意义主要用于指代一个很大的空间,该店铺的规模很小，称为"square"并不合适。"坊"翻译为"shop"比较合适，因此"手工坊"建议翻译为"handiwork shop"。下图中的店名"一之味"翻译为"one tea"也是错误的，且不说中英文的意思是否相符，单看英文的语法也是错误的。英文"one"和"tea"之间要加量词，只能说成"one cup of tea"或者"one glass of tea"。店名中的英文翻译主要是给外宾看的，这样方便他们根据店名判断店铺经营的商品种类。一个错误的翻译往往会误导外宾，有损于店铺的文化形象，因此店主在对店名进行英文翻译时一定要慎重。

2. 拼写错误

店名"杭丝坊"翻译为"HangZhou Silkworkshop"，除了存在之前提到的拼音"HangZhou"应为"Hangzhou"的问题之外，"丝坊"的意思是丝绸工作坊，应该翻译为"silk workshop"，这是两个词，不应该合写为一个词。作为店名，应采用大写形式，应该为"Silk Workshop"。所以整个店名"杭丝坊"正确的英文翻译应该是"Hangzhou Silk Workshop"。

当代西安店名中，有极少数的店铺只有英文店名，该英文既不是商品的品牌名称，也不是商品种类，只是为使用英文而使用英文，体现了店主的一种崇洋心理，如"MOST"。

另外，西安店名中有大量使用谐音的现象。好的谐音不但能够凸显店铺的经营门类或商品的特色，而且幽默诙谐、妙趣横生；但是不好的谐音却是生拉硬扯、牵强附会，显得不伦不类。如店名"巷往咖啡"中的"巷往"谐音"向往"，"依拉客"谐音"伊拉克"，"时尚内酷"中的"内酷"谐音"内裤"，"星期衣"谐音"星期一"，"包妮美"谐音"包你美"等。这些店名没有创意，只是借助谐音在玩文字游戏，不应加以提倡。

二 店名不规范现象产生的原因

当代西安店名不规范现象产生的原因是多种多样的，概括起来，主要有主观原因和客观原因两种。

（一）主观原因

1. 经济利益驱动，商家规范使用国家通用语言文字的观念和意识淡漠

经济利益是商家的第一追求目标，有些商家在为店铺命名时，不管店名本身是否名副其实，书写是否正确，命名是否符合国家语言文字使用的规范，只要店名能博人眼球，能引起顾客的好奇心，能给他们带来商机，他们都会积极采用。在经济利益的驱动下，一些商家规范使用国家通用语言文字的观念和意识比较淡漠。

2. 商家畸形的价值观念和以丑为美的审美误区

有极少数商家，只要店名能提高顾客进店率和回头率，能为他们带来经济利益，他们就不惜打破社会道德底线，以丑为美，忽视店铺的社会文化效益，忽视店铺作为城市文化形象载体所具有的社会责任。在这种畸形价值观念和审美误区的影响下，店名中会出现一些低俗猎奇的名称。

3. 商家和相关广告从业人员的语言文字素养较低

一般情况下，商家会根据自己店铺的特点或者自身的喜好及审美情趣为店铺命名，然后请广告公司来为自己的店铺制作牌匾。广告公司工作人员在设计制作牌匾的时候，就牵涉到文字和拼音的书写问题。我们在街头看到的店铺牌匾是商家和广告公司的从业人员相互合作的结果。店铺牌匾中出现的书写错误，反映了商家自身以及相关广告从业人员语言文字素养较低的现状。

(二) 客观原因

1. 功利浮躁的社会大环境的影响

当下社会，一些人忙于激烈的竞争，急于在竞争中获胜，很在意眼前的利益得失，缺乏长久远大的目标和理想，短视浮躁、急功近利的思想比较盛行。商业领域也是如此，追求商业利润和物质财富成为一些商家的直接目的和最重要的诉求。什么文化，什么审美，都可以置之脑后。什么来钱快，做什么；什么来钱多，做什么。功利浮躁的社会大环境使得一些商家没有时间也不愿意在店名上多下功夫、多做斟酌，使他们很少考虑店名的准确规范以及社会文化价值,因此会出现失范的店名。

2. 监督管理部门监管不力

店铺要开张,首先要在工商管理部门申请办理营业许可证,在办理营业许可证的时候,商家需要提供店铺的名称,但是这个名称只是店铺的登记注册名称,与店铺牌匾上的书写名称有时不完全一致,因为后者加上了装饰美化的效果。上述不规范店名的出现,也提醒相关部门应加强对店铺牌匾名称的检查与管理,避免低俗怪异、具有"负能量"的店名的出现。

3. 执法人员的语言文字水平有待提高

监管部门对店铺牌匾的名称及其设计进行了审查,但是因为执法人员自身的语言文字水平有限,没有发现牌匾上的店名在语言文字使用方面存在的问题,这样也会导致失范店名的出现。

三 提高西安店名规范化的建议和措施

(一)加强宣传,增强商家规范使用国家通用语言文字的观念和意识

为推动国家通用语言文字的规范化和标准化,使其在社会生活中更好地发挥作用,第九届全国人民代表大会常务委员会第十八次会议于 2000 年 10 月 31 日修订并通过了《中华人民共和国国家通用语言文字法》,该法从 2001 年 1 月 1 日

起施行。该法确立了普通话和规范汉字（简化字）作为"国家通用语言文字"的法定地位。《中华人民共和国国家通用语言文字法》第二章第十三条规定：公共服务行业以规范汉字为基本的服务用字。因公共服务需要，招牌、广告、告示、标志牌等使用外国文字并同时使用中文的，应当使用规范汉字。第二章第十四条规定：公共场所的设施和招牌、广告等用字应当以国家通用语言文字为基本的用语用字。第二章第十七条规定：书法、篆刻等艺术作品或者题词和招牌的手书字可以保留或使用繁体字、异体字。第二章第十八条规定：国家通用语言文字以《汉语拼音方案》作为拼写和注音工具。《汉语拼音方案》是中国人名、地名和中文文献罗马字母拼写法的统一规范，并用于汉字不便或不能使用的领域。第三章第二十三条规定：县级以上各级人民政府工商行政管理部门依法对企业名称、商品名称以及广告的用语用字进行管理和监督。第三章第二十六条规定：违反本法有关规定，不按照国家通用语言文字的规范和标准使用语言文字的，公民可以提出批评和建议。城市公共场所的设施和招牌、广告用字违反有关规定的，由有关行政管理部门责令改正，拒不改正的，予以警告，并督促其限期改正。

目前国家有明确的法规用来规范和管理公共场所的语言文字使用情况，政府相关部门应该面向商家加大对国家通用语言文字法规的宣传和教育，让商家了解店铺牌匾的语言文字使用不是完全随心所欲的，而是要受到相关法规的制约和管理，同时要引导商户积极学法、自觉守法，从而在全社会实现用语用字的规范化。

(二) 营造积极向上的环境氛围，培养健康高雅的审美趣味

西安作为世界闻名的古城，几千年来的历史积淀赋予了其独特的文化内涵。西安城市建设与管理相关部门应该加大城市文化建设宣传的力度，通过多种媒体、多种渠道和多种形式在城市营造积极阳光、充满正能量的城市文化氛围，培养市民健康高雅的审美趣味，鼓励商家通过合法经营、良性竞争、辛勤劳动和诚信服务来赢得商机，而不是在店名上故弄玄虚、制造噱头，通过欺骗和夸大等失信行为来获得短期的商业效益。

(三) 对店名严格审核，加强监管

商户在办理营业执照时，工商管理部门要严格审核店铺的注册名称，并对店铺牌匾的名称设计和书写方法进行了解。如果涉及语言文字的具体使用等比较专业的问题，可以会同语言文字管理部门联合执法。对店铺牌匾出现的语言文字问题要及时发现，并引导商家尽快改正，从而避免造成不良的社会影响。

(四) 相关部门为店铺命名提供咨询服务

虽然现在社会上有很多起名公司，但是这些起名公司的人员未必了解国家的语言文字政策及其相关法规，并且这些起名公司多从商业利益出发，本着挣钱的目的，一般不会考虑个体店名是否会影响整个城市的文化建设和文化形象的塑

造。因此，工商管理部门可以会同语言文字管理部门，在店主进行店铺登记注册时对其店铺名称进行把关，并在充分了解店铺的商品种类、经营特色、店主的商业追求以及个人审美情趣的基础上，为店铺命名提供咨询服务或者指导帮助。

总体而言，当代西安店名的主旋律是积极阳光、健康向上的，但是也存在少数不和谐、不规范的店名。城市店名是城市文化的一个侧影，不和谐不规范的店名除了会对店铺形象造成负面影响，也会影响城市整体的文化风貌和文化品位，因此店名的规范化问题值得商家和相关的城市管理部门高度重视。

第七节　21世纪以来西安店铺命名的行业规律和命名建议

通过对5282个当代西安店名的梳理分析可以看出，店铺的命名虽然五花八门、纷繁复杂，但是抽丝剥茧，我们也能发现其中存在的一些比较明显的行业规律，下面选取一些有代表性的行业店名予以说明。

一　店铺命名的行业规律

（一）餐饮店铺的命名规律

在我们所调查的5282个店名中，餐饮店铺的数量很多。餐饮店铺在命名上具有以下规律：

1. 姓名+食物品种

这类店铺或是知名品牌的连锁店,或是食物营养美味、深受顾客欢迎的比较有名的餐饮店铺,如张军擀面皮、袁记肉夹馍、老米家泡馍、老孙家牛羊肉泡馍、小卫臊子饸饹等。

2. 食物发源地+食物品种

这类店名多体现食物的地方特色,以食物发源地作为属名,如宝鸡擀面皮、岐山臊子面、兰州牛肉拉面、湖南土菜、汉中热米皮、北京烤鸭、武汉热干面等。

3. 烹饪方法或独特口味+食物品种

中国饮食文化博大精深,烹饪方法也多种多样,煎炸炖煮蒸烙各有特色。同一种食物采用不同的方法来烹饪,就会产生不同的口味,如蒸饺和油炸汤圆的口感就与一般水煮饺子和水煮汤圆的味道不同。餐饮店铺在命名中突出烹饪方法和独特口味也可以吸引和招揽顾客,如油炸汤圆、生氽丸子、酸菜米线、蒸饺、鸡汤米线、手工菠菜面、骨里香八珍烤鸡、汤味鲜土豆粉等。

4. 直接以食物品种命名

这类餐饮店名没有鲜明的个性,店铺一般位于小街小巷,装修比较简单,一般经营日常大众饮食,消费群体主要是普通老百姓,饭菜价格比较亲民,如牛肉面、胡辣汤、火锅冒菜、粉汤羊血、擀面皮、饺子馆、包子铺、素面馆等。

除了上面的命名方式以外,有些餐饮店铺还会以店主的体态特征或者能体现个性的属名来命名,如大胡子烤肉、胖妞饺子馆、爱TA米线、阿Q餐厅、纳家楼、外婆印象等。

（二）服装店铺的命名规律

服装的最初功能是帮助人类蔽体御寒，发展到后来，服装的美化功能与实用功能变得同样重要。现代社会，"人靠衣装马靠鞍，三分长相七分打扮"，服装的美化功能变得越来越突出，服装的质地、款式和品牌越来越受到人们的关注。服装店的命名一般具有以下规律：

1. 以知名品牌作为店名

这类店铺主要经营知名品牌的服饰，该品牌在消费者心目中具有良好的口碑，有众多的消费群体，因此品牌就是最好的招牌，如云裳、歌瑶、慕格、以纯、七匹狼、真维斯、波司登、罗丽丝、米兰、唐狮、罗蒙等。

目前市场上有少数店家用知名品牌做店名，打着品牌的旗号来吸引顾客，却在店内销售大量非品牌的商品，有鱼目混珠、欺诈消费者之嫌。

2. 用体现女性优雅妩媚的词语为店铺命名

这类店铺往往通过典雅秀丽的词语，表达女性在穿上该店服饰之后，就会具有一种端庄优雅、高贵时尚的迷人气质，如摩登秀、靓装服饰、时尚美、雅致服饰、都市靓女、依品时尚女装、时尚衣橱等。

3. 采用谐音方式命名

这类店铺往往采用与服装相关的谐音字词，突出店铺经营商品的种类以及该店服饰的与众不同，如衣见钟情、布衣布舍、衣衣不舍、布拘衣格、饰全饰美等。

(三) 美容美体养生店的命名规律

爱美之心人皆有之，女性往往在外貌上有所追求，美容美体养生店的消费主体多为年轻女性，因此这类店铺在命名时常以时尚健康为核心元素，在店名中体现汗蒸、水疗以及传统的中医理疗等方法，突出品牌，体现绿色健康的护肤美容理念，如韩国维纳、美尚美巢、安然纳米汗蒸馆、天使丽人美容美体、世纪丽人、漂亮女人专业护肤中心、婧姿美容护肤 spa 养生会所、百莲凯美容美体生活馆、柴氏养生堂、海娜植物染养发、天丽美发、恒益养生、中医理疗养生馆、易圣百草养生堂等。

(四) 文房四宝、古玩字画店和茶馆的命名规律

文房四宝、古玩字画店和茶馆具有丰厚的中国传统文化内涵，因此这类店铺的名称多为属名 + 通名的三字形式，往往充满古风古韵，显得古朴雅致，如荣鑫斋、博雅阁、紫清阁、德聚怀、香积堂、藏珍阁、荣翠轩、德馨居、文古斋、水墨轩、守璞轩、聚贤堂、天真堂、紫云阁、顺意斋等。

(五) 广告及房产店铺的命名规律

这类店铺的命名一般采用属名 + 业名的方式，大多为四音节形式，简洁明了，清晰醒目，如韩飞广告、鹏伟广告、腾迪广告、锦轩广告、龙跃广告、万腾广告、超群广告、锦绣广告、四通广告、百世房产、链家地产、日升房产、兴麟

房产、玛雅房屋等。

综上所述，不同行业的店铺有自己的行业特色，总体而言，不管哪个行业，好的店名既相对简洁明了，又信息量丰富，既能体现鲜明的行业门类，又能突出店铺的个性特色，如博文书店、崇文书店、四季鲜花店、梵高相框、多又鲜蔬菜店等。

二 店铺命名的建议

店铺是商家销售商品或提供服务的场所，也是顾客选择商品或接受服务的地方，因此店铺是连接商家、顾客以及商品或服务的纽带。为店铺命名，可以从商家、顾客以及商品或服务这三个角度进行考虑。

（一）从商家的角度

从商家的角度进行店铺命名，多体现店主的姓名、体貌特征等方面，如老孙家羊肉泡馍、贾三灌汤包、谭木匠、张军擀面皮、魏家凉皮、胖妞饺子、大胡子烤肉等。

（二）从顾客的角度

从顾客的角度进行命名是市场供求关系转变的直接体现，越来越多的商家尊奉"顾客就是上帝"的经营理念。从顾客角度出发、迎合与贴近顾客心理需求的店名，会使消费者产生好感以及精神上的满足感，如便民超市、都市丽人、城市佳人、漂亮宝贝、时尚宝宝、人人乐超市、阳光丽人时装店等。另外，从消费者角度出发，在店铺名称中明确商品的消费对象，一般以职业、年龄或地区来指称，能够快速锁定消费人群和目标市场，有利于商品交易的顺利实现，如学生书店、妈妈屋、中老年服饰、男人衣柜、童画儿童摄影、时尚佳人女子美容会所、秦人面屋等。

（三）从商品或服务的角度

从商品或服务的角度进行命名，一定要抓住商品或服务的主要特色和优长，让顾客通过店名能对商品或服务有清晰的了解和深刻的印象，如百圆裤业、崇德书店、独一味米皮、麻辣干锅、韵达快递、闽香茶业、多又鲜蔬菜店、绝味砂锅香嘴面、雅致服饰等。

从商品或服务的角度进行命名，也可以用商品的知名产地或者店铺所处的名胜古迹进行命名。这种命名方式在突出商品产地或者店铺位置的同时，达到了为自家店铺的商品或者服务增加文化价值和品牌宣传的效果，能够提升店铺的知名度和口碑，从而吸引客源，如北京烤鸭、云南过桥米线、武汉热干面、日本料理、韩国烧烤、西安饭庄、白鹿原猪蹄坊、大雁塔烟酒店、城隍庙小商品批发、钟鼓楼戏装乐器等。以这种方法进行命名时必须满足：或者是商品的产地属性强，或者是店铺所处的位置非常重要、非常有名或非常独特；否则，若是以一个名不见经传的小地方作为店铺的属名，就有些鸡肋的感觉了。

综上所述，店铺在命名的过程中应该遵循一些共性的要求。比如，音义俱佳，美感兼得；功能齐全，注重效益；标明特色，名副其实；符合规定，遵章守法；与众不同，彰显特性；选准角度，投其所好。

店铺命名是一门艺术，在考虑从商家、顾客、商品或服务的角度命名的基础上，要充分利用文化因素。好的店名既能传递丰富的商业信息，突出鲜明的行业特征，又能展现不拘一格、灵活多样的个性，还能蕴含丰厚的文化意蕴。如何实现店铺命名的商业效益和审美追求的和谐统一，使得店名既能为店铺形象增色，又能为城市文化赋能，是一个值得我们深入研究和探讨的问题。

第五章　21世纪以来西安店名反映的城市文化

语言和文化关系密切，语言既是文化的载体，又是文化的重要组成部分。城市店名作为城市的一种商业符号，不仅体现了店铺的经营范围与经营特色、店主的商业目标和审美追求，也体现了城市的文化气象和文化内涵。通过对5282个西安店名进行梳理分析，我们认为，当代西安店名具有丰厚的文化内涵，体现了当代西安本土文化与外来文化、传统文化与现代文化的交流和融合。

第一节　21世纪以来西安店名反映的本土文化

西安作为关中乃至陕西的代表性城市，作为中国历史上的千年古都，有着自己独特的地域文化。当代西安店名反映了西安本土的饮食文化和人文历史文化。

一　反映西安的饮食文化

西安属于北半球暖温带半湿润季风气候，温暖湿润，雨量适中，四季分明。西安地处关中平原，水利资源丰富，河流密集，历史上素有"八水绕长安"的美誉。在历史上，西北季风刮来了欧亚大陆深处最肥沃的表土，受秦岭山脉的阻挡沉积之后形成了黄土高原，那里土力肥沃，适宜耕作，非常有利于植物生长。关中农业开垦的历史比较久远，自古农业发达，是陕西省最重要的粮食与经济作物产地。关中平原昼夜温差比较大，日照时间比较长，加之土质属于钙质黄土，这种得天独厚的自然条件使得关中的小麦受土时间长，出粉率高，磨成的面粉易和易揉，白皙筋道。一方水土养一方人，因为粮食出产的原因，西安人喜欢吃面食，也学会了变着花样地做各种各样的面食，当代西安店名集中体现了关中饮食以面食为主的鲜明特色。西安餐饮店名中有各种面食，如扯面、拉面、棍棍面、刀削面、裤带面、臊子面、biang（音）biang（音）面、蘸水面、摆汤面、蒜蘸面、罐罐面、菠菜面、油泼面、酸汤面、干拌面、大刀面、西红柿鸡蛋面、麻食、软面、凉面、捞面、凉皮、饺子、牛羊肉泡馍、肉夹馍、锅盔、包子、花卷等。

面条类最有特色的算是裤带面了，陕西八大怪之一有"面条像裤带"的说法。裤带面比较宽、厚、硬且筋道。一根面条的宽度约 8 厘米，长度 1 米左右，厚度有时与硬币差不多，薄时如蝉翼。裤带面煮熟以后，捞在碗里，会浇上臊子，或是油泼辣子，吃起来光滑筋道，非常耐饿。

锅盔，又叫锅魁、干馍，是关中地区有名的一种面食小吃，陕西八大怪之一有"锅盔像锅盖"的说法。锅盔直径六十几厘米，又圆又厚像锅盖，也像头盔，因此叫锅盔。锅盔的制作工艺很讲究，其成品向来以"干、酥、白"著称，入口内酥外脆，干硬耐嚼，香醇味美。

牛羊肉泡馍也是西安非常有名的一道美食。据史料记载，牛羊肉泡馍是在古代牛羊肉羹的基础上演变而成的。西周时期，牛羊肉羹是国王和诸侯的礼馔；到了隋朝，出现了牛羊肉羹和面食混合的最初烹调形式，也就是现在牛羊肉泡馍的雏形；唐朝和五代时期，各少数民族人民陆续内迁，加上西安地处西北要道，是牛羊交易的好市场，因此牛羊肉泡馍越来越受欢迎；在宋代，羊肉泡馍就已成为关中地区的招牌美食了。煮牛羊肉泡馍的肉汤时要将肉和骨头分开来煮，讲究汤清肉烂。馍要手工来掰，大小如小拇指头尖，这样容易入味。煮馍时放入粉丝、木耳和牛肉片，出锅时放入葱花、蒜苗和香菜。吃牛羊肉泡馍时要配上糖蒜和辣酱，清爽而不油腻。吃完以后要喝一小碗用原汤烹制而成的高汤，用来清口。西安的牛羊肉泡馍看起来简单粗放，实际上却精致复杂，体现了西北文化的特点。

二 反映西安的人文历史文化

1. 辉煌灿烂的都城文化

西安，在汉唐时期称为长安。汉唐时代，长安在人口规模、社会发展和商业繁荣程度方面都达到了世界上非常高的水平。在当时的历史舞台上，长安城不仅是一座人人向往的东方大都市，更是东方文明与中华民族精神的象征。西安曾经辉煌灿烂的历史，尤其是秦、汉、唐三个朝代的统一繁荣、富庶大气让现代人生发出无限的留恋与倾慕。在西安钟楼的东南角矗立着一座大厦——开元商城，它用唐代盛世的年号来命名，其寓意是不言而喻的。当代西安店名反映了西安曾经辉煌灿烂的都城文化，如嘉汇汉唐书城、秦风旅社、秦唐一号（饭店）、大唐芙蓉园酒店、汉唐假日酒店、秦汉唐（书画店）、唐乐宫（饭店）、皇后大酒店、永宁宫大酒店、皇城根茶楼、鼎盛长安（饭店）等。从以上店名中，我们似乎可以感受到历史上秦、汉、唐三个盛世朝代的影子。

2. 古朴厚重的雅士文化

西安是古代的政治、经济中心，也是文化中心，作为一座千年的帝都，西安古建筑的一砖一瓦、一草一木都映衬出古代历史文化的影子。西安不仅云集了本地的很多文人墨客、贤人雅士，而且吸引了全国各地、四面八方的文人来此朝拜、进谒、游览、观光。文人雅士咸集于此，留下了很多相互唱和、答谢、交游、赏玩的文学艺术作品，赋予了西安深沉浓厚的历史文化底蕴。西安有很多店名，尤其是与古代艺术文化相关的如书画、文房四宝以及古玩等行业的店名往往古色古香、充满意趣，彰显了西安城市质朴厚重、古拙雅致的古风古韵，如艺宝斋、鼓艺轩、盛华苑、博艺堂、瑜寒轩、思贤阁、显德斋、文古轩、德馨居、茗雅轩等。

第二节　21世纪以来西安店名反映的外来文化

进入 21 世纪以来，西安对外开放的步伐不断加快，对外开放的力度不断加大，对外文化交流越来越频繁。作为反映城市文化的窗口，西安店名也体现了一定的外来文化因素，具体表现在丰富的外来饮食文化、突出的外来品牌文化、广泛引入的连锁经营模式以及丰富多元的国际文化。

一 丰富的外来饮食文化

在西安的餐饮行业中既有大量源自西安本土的食品，也有许多外地、外省乃至外国的食品。通过对当代西安店名语料的整理，我们可以看出，引入西安的外地饮食主要是全国其他省份或地区的特色美食，如四川炒菜和冒菜、重庆火锅、湖南湘菜和土菜、云南过桥米线、武汉热干面、北京烤鸭、山西刀削面、河南胡辣汤、河北驴肉火烧、南京小笼包、山东杂粮煎饼、广东海鲜、新疆烤肉等。随着西安对外开放力度的不断增大以及国际化程度的不断提高，西安作为全国著名旅游城市和历史文化名城，每年都要接待大量的海外游客，因此西安街头也出现了越来越多的经营国外食品的餐饮店，如肯德基、麦当劳、南美烤肉、日本寿司、韩国料理等。

西安店名中的美食品种体现了很大的包容性，既有本地特色鲜明的面食，也有来自国内外其他地区的丰富多样的食物，这些种类不同、口味各异的食物不仅满足了西安外来流动人口固有的饮食需求，也满足了当地人尝鲜求异的饮食心理。

二 突出的外来品牌文化

改革开放后，随着西安经济的迅猛发展，西安在国内和国际上的经济地位不断提升。作为西北部的经济文化中心，作为中国的中心城市，21世纪的西安吸引了许多国外的知名品牌纷纷进驻，各种专卖店、连锁店如雨后春笋般涌现。其中很多店铺都是直接以经营商品的品牌来命名。西安的街头出现了很多国外知名品牌的服装与化妆品店，如耐克、真维斯、皮尔卡丹、兰蔻、欧莱雅、玉兰油等。这些店名直接以商品的品牌来命名，清晰醒目，设计上新颖独特，体现了突出的外来品牌文化。

三　广泛引入的连锁经营模式

连锁经营模式是指在经营理念、企业识别系统及经营商标、商品和服务、经营管理等四个方面具有高度一致性的经营模式，连锁经营可以形成专业管理及集中规划的经营组织网络，利用协同效应的原理，使店铺在与同类非连锁经营的店铺的竞争中具有更大的优势。与独立开办的企业相比，加入连锁体系开办的企业的成功率更高，因此"加盟创业"成为很多人商业投资的重要选择。

20世纪80年代末到90年代初期，美国的快餐品牌肯德基和麦当劳先后进入中国，之后在全国各地开设连锁店，将餐饮行业的连锁经营模式带入中国。连锁经营具有统一的经营模式，产品具有统一的价格和质量，经营者可以享受知名品牌带来的人气和利润。连锁经营因为统一采购、统一配送从而降低了进货成本，同时可以获得质量可靠的商品和服务。通过调查发现，西安当代餐饮广泛引入连锁经营模式，出现了大量的餐饮连锁店铺，如魏家凉皮、袁记肉夹馍、樊记肉夹馍、张军擀面皮、东东包、小六汤包、小肥羊火锅、海底捞火锅、竹园村火锅、永明岐山臊子面、福建沙县小吃、老台门包子、飞鸿肉夹馍等。西安餐饮店铺中的连锁店往往具有一定的规模和特色，在行业竞争中具有明显的优势，未来餐饮行业的发展将更加倾向于连锁经营模式。除了餐饮店铺，服装店、化妆品店、超市、药店等很多店铺也越来越多地采用连锁经营模式。

四 丰富多元的国际文化

随着西安改革开放步伐的不断加快，越来越多的外国人来西安旅游参观、工作学习。为了满足外宾的消费需求，一些店铺经营国外知名品牌的商品，店名直接以英文品牌名称命名；一些店铺经营国内商品，店名也以英文命名。如HUGOBOSS、starbucks、Prada、Gucci、WIGGLE BAR、Paradise bar、Anything is possible（一切皆有可能，服饰店）、one day（KTV）、Best Food 百富烤霸、Bar The Defender、理想派 Idealist Barlv 等。还有些店面因经营日本或韩国的商品或食品，而以日文或韩文作为店铺标识。这类外文店名多以经营西餐、酒类、咖啡为主，有部分经营女性服饰、箱包和化妆品。以外文作为店名，这是国际多元文化对西安产生的影响，标志着西安迈向国际化大都市的步伐在不断加快。

第三节 21世纪以来西安店名反映的传统文化

中国传统文化博大精深，源远流长，对国民的价值观念、审美观念和道德准则产生了深远的影响。西安作为中国西北部的一个城市,尤其是作为千年的帝都,也深受传统文化的浸润。21世纪以来的西安店名反映了中华民族深厚的传统文化。

一 传统的儒、释、道文化

儒、释、道三家的思想对中国文化影响至深。儒家求中和,佛家讲因缘,道家尚自然,这三种思想成为中国人精神深处普遍的价值目标和精神追求。

《中庸》中有:"中也者,天下之大本也;和也者,天下之达道也。致中和,天地位焉,万物育焉。"[①] 中和就是不偏不倚、恰到好处,接近至善至美。中和是自我价值的实现,致中和是社会价值的体现。在西安店铺的命名中,我们可以看到中国传统里中庸尚和思想的影响,如永和豆浆、义和轩、诚净和、和美商行、天和衣饰、祥和五金日杂、和嘉中介等。

佛家讲因缘果报。因是事物产生的主要条件,缘是事物产生的次要条件,有因有缘,必然成果。大因缘生大果,小因缘生小果。因缘不可强求,如果遇到,一定要珍惜。西安店名中有体现佛家因缘思想的店名,如随缘阁、随缘茶馆、善玉缘、惜缘茶苑、缘来如此、有缘人等。

道家崇尚自然,追求"去甚、去奢、去泰",主张清静

[①] 陈晓芬、徐儒宗译注:《论语·大学·中庸》,中华书局2015年版,第268页。

无为、顺应自然，指出人要以自然的态度对待外部环境、对待他人、对待自我，强调要顺着事物自身发展变化的规律来做事，从而达到"无为而无不为"。西安店名中有一些体现了道家的清静无为思想，如静默斋、天真堂、观自斋、静影斋、清心堂、听雨堂、紫茗道庄等。

二 祈福求吉的民族文化心理

中华民族自古以来就对福禄吉祥、如意福顺十分向往，不论达官显贵还是平民百姓，都希望自己的一生健康平安、福顺吉祥，希望社会安定和谐、繁荣发展，这些共同的心愿体现了中华民族祈福求吉、渴望太平安定的朴素的民族文化心理。中华传统文化滋养了整个国民，西安人也不例外，表现在店名的选取上，他们喜欢用象征喜庆吉祥、表达祝福及美好愿望的词语，如报喜鸟、万家福超市、福满堂、璀璨人生、添福鱼庄、荣盛祥、博通吉庆酒店、顺祥烟酒、天德伦酒店、锦蓉福邸酒楼、永宁商店、安定轩等。

三 求发财、重诚信的民族文化心理

商家开店铺做生意都希望自己能生意兴隆、财源滚滚、事业发达，这是一种商家及经营者的普遍心理。中国人自古以来就受儒家文化思想的熏陶，特别注重"仁、义、礼、智、信"的道德精神取向，所谓"君子爱财，取之有道"。诚信是中华传统美德，诚信一直被视为经商之本，商家要践行"货真价实，童叟无欺"的承诺，才能取信顾客、生意兴隆。因此，商家在对店铺进行命名时，既希望生意兴隆、财源广进,又注重以人为本、诚信经营。在这种文化心理的影响下,在西安,我们经常可以看到类似这样求发财、重诚信的店名,如腾达商店、好旺世家、元宝饺子、兴隆五金土产店、蒸蒸日上、金玉满堂贵宾楼、一诺面庄、诚信烟酒行、一是一饺子馆等。

四 重宗族的民族文化心态

中国传统社会是一种宗族的社会,宗族是社会构成的重要支柱。这一社会主要以血缘关系为纽带,宗族就是以血缘为纽带而形成的社会单位,封建嫡长子继承制又进一步加固了宗族在人们心目中的地位。在古代,皇帝把天下当作王土,老百姓便把本宗族的聚居地当作本族的乐土。广大农村长期采用一家一户的小农经济形式,人们的宗族观念很深,往往同族同姓的人家聚居在一起,形成一个村落,这些村落便以聚居的宗族大姓命名。长期以来,中国许多村庄以姓氏命名,表现了汉民族重宗族的民族文化心态。[①] 中国封建社会长期是小农经济和私人作坊性质的生产,这种一家一户生产和加工的商品也深深打上了家庭和宗族的烙印。在社会化大生产的今天,机器加工已经成为时代的主流,与批量生产与复制的产品相比,由个体手工制作的商品更加稀缺和难得。机器是快速高效的,却是冰冷的,生产的商品完全是同质化的复制;人工制作是缓慢低效的,但是商品中能感受到制作者的温度,而且是有个

---

① 黄新亚:《三秦文化》,辽宁教育出版社1995年版,第23页。

体差异的。在面对日益疏离的人际关系的时候，人们更渴望有温度的人工制品，因此以家庭为单位的手工作坊式的制作方式开始慢慢流行。在受到市场经济大潮冲击的现代社会，虽然人们的宗族意识有些淡化了，但是在店名的选取上，店主仍然比较喜欢用"记""家""氏"等体现家庭宗族观念的字眼来表现自家商品手工制作的独特性，如孔氏布鞋坊、樊记腊汁肉夹馍、姚家面馆、潘家香凉皮、老马家清真牛羊肉、谭木匠、王记大米面皮、金陵陈记小笼包、汉中程记凉皮米线店等。从这些店名中，我们可以感受到传统的重视宗族的民族文化心态在现代社会的传承和延续。

五　平民心理与大众文化

店主为店铺取名一方面会从自身的商业追求和审美观念出发，另一方面也会考虑到顾客的喜好，从而拉近和顾客之间的心理距离。普通老百姓总喜欢平易质朴、亲切温馨、富有人情味的字眼，一些经营者便抓住了消费者的这种心理，在店名的选取上，经常使用一些具有家常色彩、带有感染力和亲和力的词语，反映了普遍的平民心理和大众文化，如老百姓饭馆、百姓人家、惠友招待所、光明议价粮油、好就来、常往来饭店、农家乐面庄、兄弟风味小吃城、姐妹饺子馆、好家庭大厨房、好又多超市等。还有些商家直接以经营者本人或子女的名字来给店铺命名，如张军擀面皮、春晖商店、建辉湖南土菜馆、马响仁膏药铺、红娃烤肉、鑫鑫百货等。

第四节　21世纪以来西安店名反映的现代文化

21世纪是一个信息化的时代，是各种新事物新现象不断出现、蓬勃生长的时代，是一个社会分工更加复杂化和精细化的时代，是各种思想和文化密切交流、激烈碰撞的时代，是人的价值观念、文化心理不断发生变化的时代。21世纪的西安店名反映了如下的现代文化：

一　鲜明的行业文化

改革开放前，西安的经济发展缓慢，商业不太景气，店铺的数量不是很多，而且大多是供销社或者百货商店。一家店铺往往兼营百货，从日常生活资料到生产资料，从吃穿用度、五金电料到针头线脑，一应俱全。随着社会经济的发展，社会分工越来越明确，行业分工越来越细致，在商业内部也出现了商品的分类销售和经营，也即一家店铺只经营一类商品，如服装店、化妆品店、眼镜店、鲜花店、蔬菜店、水果店、鞋店等。这些店铺为人们的购物提供了很大的便利，人们可以根据生活所需去专门的店铺直接购买。西安的很多店名反映了分类经营的行业特色。这些店铺的店名往往既能着眼于商品，准确反映店铺的经营范围和经营品种，又能紧密结合商品特点，选择与商品或服务项目相关的字眼来命名，这样的店名具有鲜明的行业文化特色，使人感到贴切自然、赏心悦目。在西安，我们随处可以看到这样的店名，如四季鲜花店、怡康药店、常青花木公司、光明眼镜行、四季鲜水果店、智博书店、登云鞋店、彩云祥唐装等。还有的商家结合行业特色，巧妙地采用仿词和隐喻方式来给自己的店铺命名，从而获得一种特殊的表达效果，如美食美客（饭店）、衣依不舍（服饰店）、睛喜眼镜行、出发点（洗车行）、极限健身房、挑战者（野外自驾用品）、从头做起（理发店）、口岸（外贸服饰店）等。这样的店名不仅暗示了行业特色，而且给人一种意蕴悠长、回味无穷之感。

二 时尚的流行文化

现代社会中，人们的生活节奏加快，容易精神紧张、心理负担过重，同时，社会分工的日益细化，导致人与人之间的陌生感加深，增加了人的孤独感。流行语有简洁轻松、幽默形象的特点，在年轻人中能帮助宣泄情感、缓解心理压力，同时流行语的使用能使人们产生心理上的认同和归属，这些都导致了流行语的创造和流行。在21世纪空前激烈的竞争中，许多商家抓住了年轻人喜欢流行、追逐时尚的心理，借助流行语来给店铺命名，从而吸引顾客的眼球，如超级女生、流行前线、时尚焦点、绝对人气·摄影、摩登时代、爱尚造型、尚品造型、国花美发沙龙、绝色美甲沙龙、潮人形象会所、涵美名媛堂养生会所等。

三 普遍的快餐加工方式

快餐是指由商家提供的快速供应、即刻能食的食品，快餐的最大特点是快速、方便，消费者等待就餐的时间短，食物大多可以直接食用或者通过微波炉简单加工就可食用，极大地满足了消费者快速进餐的需要。目前国内的西式快餐主要有汉堡、炸鸡、薯条等,中式快餐主要有盒饭、凉皮、肉夹馍等,快餐的出现与都市人群日益加快的工作节奏和生活节奏有关,它减少和节约了人们的就餐等待时间。通过统计我们发现,西安餐饮店名中冠以快餐的店铺数量较多,如美味快餐、小芳快餐、西富快餐店、湘秦快餐、好再来营养快餐、彭氏快餐、营养快餐、马龙快餐等。其中,有些店铺虽然没有冠以快餐的名称,但是,其食物的加工方式简单快捷,也属于快餐类。快餐是社会经济快速发展,人们的工作与生活节奏不断加快,家庭服务和单位后勤服务走向社会化的必然产物。

四 追求食物美味以及营养健康的饮食文化心理

随着当下经济水平和生活水平的不断提高,人们的饮食心理也发生了一定的变化:传统的就餐是为了吃饱、满足生存需要;现代社会的人们不仅要求吃饱,还要求吃好、吃出品位,要求食物色香味俱全,能够吸引人的味觉,具有美好的口感。西安餐饮店主在店名上大做文章,迎合顾客的心理需求,出现大量体现食物口感的店铺名称,如鼎鼎香、香辣冒菜、嘴嘴香、美高美火锅、味多美食品、好味道面馆、溢香岐山面、美味餐厅等。除了美味,食品还需要有个性化特色,只有具备个性化特色才能不被别的食品取代,才能在与众多对手的竞争中立于不败之地。因此餐饮店铺中体现食品特色的店铺也比较多,如秘汁干锅烤鱼、老乌家特色小炒、百顺特色小吃、陕南特色凉皮、特色削筋面、陕西特色美食府、二姐妹靓饭、非常小鱼、酷酷牛排等。现代社会，由于紧张的工作和生活的压力，人群中的亚健康问题较为突出，人们对自身的健康越来越关注，食品的保健作用日益被人们关注，无公害、无污染、绿色、新鲜、手工、保健食品受到消费者越来越多的欢迎。西安部分餐饮店名中体现了食客追求健康营养、渴望回归田园的饮食文化心理，如玉汁道现磨豆浆、宫廷四季保健粥、乡村味道、五谷营养豆浆、亲亲鲜鱼坊、素面馆、零嘴健康零食、湘秦营养快餐、平凉手蒸馍、阳光早点、田园本位湘菜等。

综上所述，西安店名反映了西安城市本土文化与外来文化、传统文化与现代文化的交融，显示出西安博大包容、兼收并蓄、百川汇流的多元城市文化景观。

第六章　21世纪以来西安城市文化对西安店铺命名的影响

语言和文化密切相关，语言承载文化、反映文化，同时文化也影响语言，二者是双向互动的关系。西安店名反映西安城市的文化特色，塑造西安城市的文化形象，同时西安的城市布局及功能分区、商业发展规划以及特色商业街区的文化氛围也会对西安店铺命名产生一定的影响。

第一节　西安整体的城市布局、商业发展规划对店铺命名的影响

一　西安整体的城市布局对店铺命名的影响

西安市第四轮城市建设计划（《西安市城市总体规划（2008—2020）》）实行城乡统一规划管理，进一步优化主城区九宫格局、棋盘路网等传统布局，不断调整、改造和挖掘城市潜力，逐步完善主城区功能，强化主城区与周边城镇的经济联系，并有重点地发展现成基础条件好、发展潜力大的

建制镇，逐步形成布局合理、功能明确、结构完善的市域城镇体系，促进农业产业化和农村经济快速发展。① 2020 年习近平总书记来陕西考察时强调，要抓好西安国家中心城市建设，加快西安—咸阳一体化进程，提升西安对陕西和西北发展的带动能力，将西安打造成为内陆改革开放高地，加快形成面向中亚南亚西亚国家的通道、商贸物流枢纽、重要产业和人文交流基地。②根据习近平总书记的讲话精神，《西安市国土空间总体规划（2021—2035 年）》将西安城市性质界定为陕西省省会、辐射西北的国家中心城市、国家科技创新与现代产业名城、国际门户枢纽城市、中华文明传承标识地。西安 2021—2035 年国土空间发展目标是将西安建设成为贯通古今的世界人文之都，和合南北的绿色发展之城。③

为保护古城、降低城市中心人口密度、缓解城市交通、拉动经济增长，2010 年，西安市行政中心外迁，建立了北部行政中心。目前，西安城市的功能分区为：古城墙以内，逐步弱化行政功能，强化文化、旅游、商贸、金融、娱乐功能，恢复历史文化古城风貌，在主城区，形成以人文旅游、文化服务、商业零售业为主的格局；东部调整为纺织工业区，结

---

① 陕西省西安市人民政府：《西安市城市总体规划（2008—2020）》，2008 年 5 月，https://wenku.so.com/d/896de8d3df8dabb7bcebce80412cf35b，2022 年 5 月 28 日。

② 《经济日报》调研组：《西安聚变——践行习近平经济思想调研记》，2021 年 9 月 12 日，http://www.ce.cn/xwzx/gnsz/gdxw/202109/12/t20210912_36904586.shtml，2022 年 6 月 9 日。

③ 西安市人民政府网：《西安市国土空间总体规划（2021—2035 年）草案公示》，2022 年 11 月 8 日，http://www.xa.gov.cn/index/ttp/636a2fa2f8fd1c4c21276937.html，2023 年 4 月 20 日。

合浐灞河道整治，建设会展、旅游和高尚住区，形成浐灞大水大绿格局；西部强化以三桥为中心的工业、仓储区，发展居住和无污染产业的综合新区；南部文教科研区，与长安中心区衔接，发展大学园区、高尚住宅区和旅游休闲度假区；北部依照西安市行政中心、文化体育中心及北客站交通中心三大功能规划，建设成为集办公、居住、文化、体育、商业为一体的城市北部新城；东南部发展高新科技园、旅游休闲度假区和高尚住宅区，同时建设城郊森林区；西南部拓展高新技术产业区；西北部在保护汉代都城遗址区的基础上，结合西咸一体化，发展空港区；东北建设高尚住宅区和旅游度假区。

由西安城市的整体布局可以看出，未来西安城市的发展将中心与边缘相结合，将历史与现代相融合，既蕴含古老深厚的历史文化，又积极吸纳充满活力的现代文明，从而使西安城市体现出鲜明的人文特色和内涵。综上所述，作为整体外部环境的西安城市布局和文化功能分区应该会对西安店铺命名产生一定的影响。

二　西安市商业发展规划对店铺命名的影响

依据《西安市商业网点发展规划（2004—2020）》，结合西安区位优势和中心城市地位，从建设适宜创业发展和生活居住的绿色生态城市的思路出发，突出西安历史文化古城和现代商业文明相结合的特色，西安遵循大商贸、大市场、大流通、休闲商业、科技网络商业、旅游服务商业、绿色生态商业、教育商业的商贸发展理念，以科技、旅游、商贸为先导，建立起统一开放、多元竞争的商贸流通格局。[1] 目前西安西部商贸中心的地位已经确立，购物中心、百货商店、连锁超市、专卖店、专业店、便利店等新型业态在蓬勃发展，中心商业区、区域商业中心、市区社区商业和城镇商业区等三级商业服务网点已经形成。

《西安市"十四五"商务发展规划》提出："十四五"期间，通过构建商贸流通新体系，夯实数字商业新动能，提升传统消费新能级，激发消费市场新活力，将西安全面建设成为西部地区引领潮流的消费中心，闻名全国、畅通全球的国际时尚之都、国际美食之都、"丝绸之路"电子商务之都、"一带一路"国际会展之都和彰显中华文明的世界旅游文化之都。[2]

"十四五"期间，西安将通过加快培育新型消费、加快形成商业新供给、拓展商业承载新空间来构建商贸流通新体系。西安将大力发展多种业态融合的大型商业综合体、购物中心、批零兼售型商贸中心，重点提升改造并培育形成50个体验型、特色化、主题型商业综合体。同时将形成20条特色示范商业步行街，充分发挥特色商业街对商贸和消费的引领功能，提升西安的商业集约化水平，扩大国际开放的力度。西安将全面优化城市商业布局，重塑城市商业空间，使传统

---

[1] 陕西省西安市人民政府：《西安市人民政府关于印发〈西安市商业网点发展规划（2004—2020）〉的通知》，2005年3月16日，http：//www.110.com/fagui/law_ 243466.html，2022年10月18日。

[2] 陕西省西安市人民政府：《西安市商务局、西安市发展和改革委员会关于印发〈西安市"十四五"商务发展规划〉的通知》，2021年5月25日，http：//www.110.com/fagui/law_ 243466.html，2023年5月29日。

商业空间向城市创意服务空间转型，构建西安"一核四极、多能多心、集聚发展"的新型商务空间。

其一，打造西安国际消费中心城市空间矩阵的"一核四极"。以环城路以内的皇城为核心（包含东南西北四条大街和解放路）向南延伸，连接大南门商圈、小雁塔历史文化街区以及小寨商圈，建设"长安龙脉"文商旅发展大走廊。重点打造以"钟楼—大南门"国际消费中心和"大唐不夜城—小寨商圈"双引领的国际消费城市时尚矩阵，建设面向全球消费市场，集文化、观光、美食、购物于一体的"钟楼—大南门国际消费中心"，构建西安国际消费中心城市的核心标识。西安将形成以"现代商贸+国际商务+自贸试验"为引领的开放发展的四大"增长极"，打造开放型经济主阵地。东北方向，依托国际港务区+浐灞生态区，建设"一带一路"国际（内陆）枢纽港、欧亚贸易和人文交流合作新平台；东南方向，依托曲江新区+航天基地，建设面向世界的国际文旅和航天服务基地，重点发展盛唐文化主题的文化旅游消费产业、文化金融以及以航天为主体的特色文旅产业；西南方向，依托高新区+沣东/沣西新城，建设具有国际竞争力的先进制造创新中心和"一带一路"创新之都；西北方向，依托西安经济技术开发区+西咸空港新城/秦汉新城，建设"一带一路"先进制造、航空服务以及人文交流的开放合作门户区。

其二，构建西安"多能多心、集聚发展"的多元化城市消费空间体系。重点提升"钟楼—大南门商圈"及"大唐不夜城—小寨商圈"双组团，在商业发展日益成熟的高新区、经开区、西咸新区、浐灞生态区等形成若干区域商业中心。西安将加快区域新兴商圈的培育建设，构建和提升多个优质商圈。（1）钟楼—大南门商圈：依托西安城墙景区和小雁塔历史文化街区，充分发挥新世界时尚广场、开元商城、SKP西安店、王府井百货、中大国际等中高端百货品牌的影响力，打造西安国际时尚矩阵新中心；（2）曲江大雁塔商圈：依托大雁塔景区+大唐不夜城+大唐芙蓉园+芙蓉新天地，以全国示范步行街——大唐不夜城为核心，打造世界知名的唐文化主题街区和旅游休闲商业中心，建设彰显国际化、中国风和西安特色的全球一流步行街区，培育形成世界一流的文旅消费目的地；（3）雁塔小寨商圈：以小寨什字为中心向四周辐射，建设辐射全城的现代化时尚消费集聚地和国际化大都市活力商业核心区，以青春时尚和个性化元素为特色，构筑西安青年时尚消费聚集地和休闲娱乐不夜城；（4）高新科技路商圈：以高新科技路为支撑，建设辐射西安西南部，服务商务和白领人群，集品质消费、时尚消费、商务消费、体验消费等于一体的都市时尚生活中心，构筑西安西南商业中心；（5）经开张家堡商圈：以行政中心张家堡商圈为中心，加快环球贸易中心建设，建成集国际商务、时尚消费、文体娱乐、工业旅游、绿色消费等功能于一体的现代化商业聚集区，构筑西安北部商业中心；（6）西咸三桥商圈：以三桥商业街为中心，以沣东绿地中国国际丝路中心为延伸，构筑以时尚消费、现代商贸、品牌展览为主要功能的西安西部商业中心；（7）浐灞会展商圈：依托西安国际会展中心、欧亚经济论坛永久会址及奥体中心，拓展特色商业功能区，打造国际会展商圈和生态休闲型商业中心,构筑西安东部商业中心。

"十四五"期间,西安将全面提升传统消费新能级,主要体现在:

其一,实现零售业的"时尚化、国际化"发展。围绕"国际时尚之都"建设目标,实施核心商业区名品(时尚品牌)、名店(专卖店、旗舰店、体验店、工厂店、百货店、购物中心等)、名街(特色商业街区)工程,加大国际品牌引进力度,塑造时尚地标,加快提升核心商圈、国际社区、中央商务社区、大型社区购物消费的便捷化、品牌化、时尚化发展水平。

其二,促进餐饮业"特色化、多元化"发展。建设国际美食之都,打造"食尚西安",弘扬西安饮食文化,支持龙头餐饮企业积极拓展全国市场。大力发展休闲餐饮、民族餐饮、特色餐饮、大众餐饮,鼓励餐饮业与文化、体育、旅游、会展等产业深度融合,构建多元化餐饮发展体系。以"名、优、特、潮"为重点,鼓励全国各地特色美食、名菜系和"一带一路"沿线国家、地区、城市的特色餐饮品牌在西安大型商业综合体、中央商务区、特色街区、旅游景区等设立服务网点。持续推进西安特色美食街区示范工程,培育建设50个场景式室内美食街区。

其三,推动住宿业"品质化、体验化"发展。按照服务商务活动、服务旅游消费、服务生活休闲的三大宗旨,统筹西安星级饭店、经济型酒店、文化主题酒店和精品民宿的培育,构建品质化住宿业发展体系,满足社会不同的消费需求。推动浐灞生态区、高新区、曲江新区高品质酒店集群建设,优化皇城范围内旅游型酒店的结构，积极实施"住宿+"工程，推动西安住宿业向体验经济转型。

其四，实现便利店"连锁化、品牌化"发展。积极推进西安品牌连锁便利店的创新发展，加快引进和培育国内外知名便利店品牌，打造集中配送、管理先进和多元化经营的便利店龙头企业。优化全市便利店网点设施，加快推进全市老旧便利店提升改造，鼓励老旧便利店加盟品牌连锁便利店，鼓励无人便利店、智能零售柜等新业态落地，全面提升消费环境和服务品质。到2025年底，西安品牌连锁便利店力争突破4000家。

其五，推动特色街区"内涵式、休闲化"发展。传承西安城市的历史文脉，将文化元素融入商业街区建设中，彰显商业街区的特色和竞争力，形成文商旅融合发展的局面，推动西安商业街区内涵式发展。重点打造一批品牌集聚、文化深厚、管理有方的主题商业街区，如历史文化街区、休闲体验街区、时尚创意街区、特色美食街区等，打造城市亮丽名片，塑造城市文化形象。

综上所述，进入21世纪以来，西安商业总体向着板块化、品牌化、特色化、多元化发展，西安商业的发展规划和发展趋势应该会对店铺的选址、业态类型以及店铺的命名产生一定的影响。

第二节　西安特色商业街区的文化氛围对店铺命名的影响

商业街是指各类专卖店、专业店、特色店高度集聚，提供专门商品和专业服务的街区，它是城市商业网点体系的重要组成部分，是城市商业的缩影和精华。商业街应体现人文精神，以消费者为中心，应展现出浓厚的文化氛围、鲜明的旅游特色、完善的配套设施，将购物、餐饮与休闲娱乐等多种功能相互结合，以满足消费者多层次、多方位的需求。商业街的建设要注重对"老字号"的保护，注重具有历史价值的传统文化的传承，注重提高商业街的文化品位，要充分尊重历史形成的城市空间结构、道路格局、建筑风格，保持城市原有的特色和历史文化氛围。商业街的发展要有独特的经营定位和形象特色，形成自己独特的顾客群体，在商业形象上既具有个性，又能和整个城市的设计和谐统一，体现独特的商业魅力、商品魅力、功能魅力。商业街体现了历史与现代的有机融合，是传统商业文化与现代商业文明交相辉映的重要载体。

西安比较有特色的商业街有书院门、大唐西市、骡马市商业步行街、回民街、金康路茶文化街等，这些商业街区的商品类型、经营特色、文化氛围会对店铺命名产生一定的影响。

一　书院门

书院门是南门内东侧，从碑林到关中书院门口的一条步行街，因关中书院而得名。关中书院是明、清两代陕西的最高学府，是西北四大书院之首，是全国四大著名书院之一。相传明代工部尚书冯从吾曾给皇帝上书谏言朝政，结果被革职回家。从此，冯从吾潜心研究易理，在宝庆寺讲学，后来又与当时的陕西省最高行政长官汪可受一同进行"联镳会讲",来听讲的人非常多,于是当时的长安府便在寺中划出一块地修建关中书院,之后向东又陆续修建了长安县学、西安府学和文庙(今碑林所在地),形成了文化一条街。冯从吾以关中书院作为阵地,积极参与当时的政治斗争,成为东林党人在西北的首领。当时的关中书院以冯从吾为首,聚集了一批具有强烈的忧患意识的知识分子,他们讽刺朝政、针砭时弊,于万马齐喑中开启明清实学思想的先河。后因奸相魏忠贤迫害,关中书院被迫停办,明熹宗时,关中书院被下旨拆毁。清康熙三年(1664),关中书院重建。清光绪年间,关中书院改建为陕西省师范大学堂,成为当时西北五省最高学府。民国时改为省立师范学校。新中国成立后,关中书院里面是陕西师范学校及其附属小学,现在关中书院为西安文理学院老校区。国民党元老、民主革命家、著名诗人、当代草圣于右任先生曾居住在书院门,他一生热爱祖国,保护民族文化遗产,深受人民敬仰,书院门现建有于右任故居纪念馆。

1949 年之前,书院门经过几百年风霜雨雪的侵蚀,房屋破败,街容陈旧。1990 年 8 月,碑林区政府开始对书院门进行大规模改造,1991 年 9 月改造完成,改造后的书院门旧貌换新颜,成为西安著名的具有明清风格的文化旅游街。书院门西街口建有一个大牌楼,牌楼雕梁画栋,古色古香,上书"书院门"三个大字,为唐代著名书法家颜真卿手书字迹组合而成,结构方正,笔力浑厚,开阔雄劲。两侧有当代著名书法家沈兰华先生亲笔撰写的对联:"碑林藏国宝,书院育人杰。"字体苍劲有力,俊雅秀丽。牌楼上古今书法家的墨宝神采飞扬,交相辉映。

走进书院门,两边是仿古建筑,正中是青石路面,整条街道古色古香。这里有专门经营文房四宝的店铺。上好的宣纸,"薄似蝉翼洁如玉,抖似丝绸不闻声,泼墨似云分五色,久藏不蛀色如新";飘香的墨汁,墨迹光亮,墨色均匀,层次分明,书写流畅;精致的砚台,温润如玉,扣之无声,缩墨不腐。店铺有能工巧匠现场做笔,羊毫、狼毫、紫毫的各色毛笔,大大小小、一支支一根根从红漆格子门的门檐上垂吊下来,别有韵味。这里有古今书法的交相辉映,鳞次栉比的店铺里有各种各样的碑帖拓片,展示了王羲之、欧阳询、颜真卿、柳公权、苏轼、黄庭坚、蔡襄、米芾、赵孟頫等古代书法大家的墨宝。街边一张张书桌，上面放置文房四宝，许多现代书法家或书法爱好者现场挥毫作书，相互之间切磋技艺，陶冶性情，成为书院门一道亮丽的风景线。除了书法家，书院门也汇聚了一批画家，他们或专业从事作画，或只是业余爱好，作品有人物、山水、花鸟等，或采用精美的工笔，或采用神似的写意，或清新秀丽，或苍莽雄浑，绚丽多姿，争奇斗艳。街边的店铺里还出售异石古木、钟鼎彝器、古玩玉器以及其他民间工艺品和旅游纪念品，商品五光十色，琳琅满目，令人目不暇接。

古朴高雅的文化氛围，使得书院门的店铺命名古色古香，店名多以三音节为主，常用斋、堂、居、轩、阁等充满古朴意蕴的通名，属名也多使用充满历史文化厚重之感的字词，如龙凤阁、悦祥楼、贤文阁、德艺堂、紫云阁、德馨居、汉肆、博雅斋等。与古朴的店名相呼应，很多店铺的门前都有楹联，这些楹联对仗奇巧，妥帖工整，言简意深，使得整个书院门具有一种典雅祥和、深藏若虚的气象和氛围。

每到夜晚，书院门的街灯便亮起来，一盏盏仿古六棱灯上书写着不同字体的"书"字，一座座灯箱耀眼夺目，上面有陕西古今文化名人（如司马迁、于右任、冯从吾等）的头

像和箴言，深厚的文化气息扑面而来。书院门是西安最富特色的文化第一街，西安城的风流儒雅、博物好古之士往往流连徘徊于此。

二 大唐西市

唐都长安曾是世界闻名的帝都，是历史上东西方商贸交流与文化交流的汇集地。唐代长安设立有东西两大市场，东市是国内市场，西市是国际市场，西市也称为"金市"。西市占地320公顷，建筑面积100万平方米，有220多个行业，商业贸易范围西至罗马，东至高丽，是当时世界上最大的商贸中心、时尚娱乐中心和文化交流中心。西市以其繁荣发达的市场体系、坚实深厚的经济基础支撑着整个丝绸之路的贸易体系，是丝绸之路真正的起点，促进了黄河文明、恒河文明和地中海文明的相互交流与碰撞，加速了世界经济的发展和人类历史文明的进程。大唐西市是在西安市政府"皇城复兴计划"的推动下再建的以盛唐文化、丝路文化为主题，以文物保护、文化展示、商旅开发为一体的国际商旅文化产业项目，主要包括大唐西市博物馆、丝绸之路商旅街区、中日韩及东南亚风情街、国际古玩城、西市购物中心、大唐西市酒店、非物质文化遗产城、胡姬酒肆演艺中心八大业态。

大唐西市博物馆是目前全国唯一一家由民营企业投资建设的遗址博物馆，具有保护、展示西市遗址和反映丝路文化、盛唐商业文化的重要功能。2017年5月，大唐西市博物馆被国家文物局评为"国家一级博物馆"。大唐西市购物中心依托国际知名品牌，着力打造商业资源和景观资源的双重优势，目前已经入驻的国际知名品牌有珠宝品牌 Harry Winston，香水品牌 Davidoff，服装品牌 Just Cavalli、CA、H&M、CAVA。

大唐西市的国际古玩城作为古玩市场，其店铺在命名上多以古朴典雅的字词作为属名，再加上一个仿古通名如堂、斋、阁、轩等，通常采用了属名+通名的结构。国际古玩城的店铺命名在选词上以与中国古典文化或是儒释道思想等相关的词语为主，使得整个商业区充满古色古香的韵味，对于古玩的销售形成了一个良好的外部环境。

大唐西市街区的整体风貌将中国现代文明与古代文化、本土文化与外来文化相结合，店名也多呈现出传统的古风古韵和独特的异域风情的碰撞，如时尚生活馆、百姓酒舍、西市老街味道、STARBUCKS COFFEE 等。

三 骡马市商业步行街

骡马市商业步行街位于西安市东大街东段南侧，北起东大街，南至东木头市。这条街道属于一条古街，距今已有400多年的历史了。骡马市原为唐长安城少府监所在地，唐末以后成为居民居住的"耳窝坊"。明代嘉靖年间，这里是牲畜交易市场，形成了骡马市。明万历年间，骡马市街区逐步形成。当时的骡马市街区长360米左右，宽30米左右，街道两旁栽有拴牲口的木桩，街上还有骡马店，专门为远道而来的客商照看牲口。1966年，骡马市改名为工农街；1972年恢复原名骡马市。

骡马市商业步行街的前身是服装批发市场。20世纪80年代，一些销售服装的个体摊贩在此经营服装生意。当时骡马市经营的服装款式多半来自东南沿海的开放城市，如深圳、广州、上海、杭州等，从而使得骡马市成为当时西安乃至整个西北地区时尚服装的信息发布中心、展示中心和销售的前沿阵地。当时骡马市的服装款式新颖，价格比较优惠，因此很受年轻人的青睐，他们常常流连于骡马市，追逐服装的时尚潮流。当时的骡马市常常人流如织，服装生意十分兴隆。当时西安流传着这样的说法："吃有炭市街，穿有骡马市，用有康复路。"

现在的骡马市商业步行街整体坐落于南北狭长地带，为了充分利用空间，这条街的商业布局呈立体分布。整条街以兴正元广场核心，中区为演艺中心和民俗博物馆，南区为小空间商业精品屋、配套休闲娱乐场所以及百货商场，北区为大型百货商场，地下一层为精品服装区及大型超市和餐饮店，地下二层为地下商业街和停车场。整个街区通过兴正元购物中心，被连接贯通起来。

骡马市商业步行街是集饮食、购物、休闲娱乐等为一体的多元化的综合体，主打流行和时尚元素，以年轻人为主要消费群体。为了满足年轻人求新求异的心理，店铺命名一般都紧跟时代潮流，新奇有特色。因为有很多店铺经营国内国际知名品牌商品，所以店名多以品牌命名。

骡马市商业步行街是西安市流行时尚的一个窗口，反映了比较突出的现代文明特质。这样的街区文化氛围，会对店铺命名产生一定的影响。

四　回民街

回民街是西安著名的美食文化街区，由北广济街、北院门、西羊市、大皮院、化觉巷、洒金桥等多条街道组成，其中以位于北院门的回坊小吃街最为有名。"坊"是唐代居民的居住地,"回坊"就是回族聚居的地方。在西安西大街桥梓口到广济街一带,聚居着约 30 万的回族同胞,人们习惯称那里为"回坊"。"回坊"具有浓郁的穆斯林文化氛围,在西安形成了一道独特的风景线。

回坊小吃街现在是莲湖区的历史文化街区,街道为青石板路面,路边是参天的古柏,街道两边是古色古香的回族建筑,各种小吃店鳞次栉比,生意兴隆。西安回坊人擅长小吃制作,用料讲究,制作精细,讲究酸甜荤素搭配。回坊小吃街上的小吃品种非常丰富,有牛羊肉泡馍、腊牛羊肉、麻酱凉皮、蜂蜜凉粽、酸汤水饺、牛肉拉面、镜糕、甑糕、黄桂柿子饼、水盆羊肉、烤肉串、酸梅汤等,其中最有名的就是牛羊肉泡馍。回坊小吃街有很多有名的泡馍馆,如老孙家牛羊肉泡馍馆、老安家牛羊肉泡馍馆、老米家牛羊肉泡馍馆。

回坊小吃街上的"贾三灌汤包"很有名，是回坊著名老字号传人贾三在博采众长、吸收南北饮食文化特点的基础上，经过多年潜心研究开发出来的清真美食。清真是穆斯林饮食的原则，所谓"清"是指无污不染，所谓"真"是指诚一不二。清真饮食的加工方式以蒸煮为主，追求营养丰富、美味健康。贾三灌汤包的用料精挑细选，制作过程非常讲究。汤包制作的面皮薄如纸，筋韧而柔，可以直接用来吹泡泡。包子馅嫩含汤，佐汁鲜浓，蒸出来的包子晶莹透亮。贾三灌汤包的吃法也很讲究，先用筷子将汤包夹起来，轻轻咬开一个小口，让汤汁流入汤匙中，细细品味鲜美的汤汁，然后再夹起汤包蘸着精心调配的佐汁吃包子，美味的汁水和皮薄馅嫩的汤包让人齿颊留香。营养美味的贾三灌汤包被誉为"食中妙品""古城第一笼""长安之骄"，与牛羊肉泡馍、腊牛羊肉并称为古城西安的"清真美食三绝"。20世纪，三位著名漫画大师华君武、丁聪、方成曾在品尝了贾三灌汤包子之后挥毫泼墨，画了三幅漫画（《贾三包子常吃常想》《垂涎》《不吃不知道，吃饱他还要》）盛赞其美味。"贾三灌汤包子"不仅味道鲜美，而且非常注重企业文化的打造，店铺建筑雕梁画栋，古色古香，典雅古朴的建筑风格配以名家手书的精美楹联"遥争汉堡三分鼎,独创清真第一笼",使店铺充满了深厚的文化意蕴,成为回坊小吃街上一道亮丽的风景线。

回坊小吃街上的店铺以经营清真饮食为主,店铺名称大多直接以食物命名,或者以店主姓氏+食物的方式来命名,简洁明了,清晰醒目。

五　金康路茶文化街

喝茶是中国人的文化传统。明朝时期,西安当地人与游牧民族实行"茶马交易",在明清以后,西安成为西部最大的茶叶集散地。近现代社会的动荡和经济发展的停滞使得西安的茶叶市场一直不太景气。改革开放之后,西安的茶叶市场有所复苏,但是整体规模依然不大。2000年,西安市新城区决定复兴本地的茶叶市场,有了政府的大力扶持和社会力量的积极投资,金康路茶叶文化街逐渐形成。

金康路茶文化街西起东二环,东至公园北路,将公园北路、春明路、红华巷与长乐路商贸街连接起来,形成了以金康路为中心、辐射周边的西北国际茶城、京闽茶城、义乌茶叶市场等聚集成板块的茶文化街区。金康路茶文化街主要经营绿茶、红茶、白茶、黑茶、铁观音、乌龙茶、普洱茶、大红袍、茉莉花茶、武夷岩茶等茶叶品种以及以紫砂、瓷器、玻璃、根雕为材质的茶具,同时经营茶叶包装,组织茶艺表演、茶文化宣传以及研讨,成为汇集茶叶销售与茶文化交流、展示、传承的综合性商业文化街。通过"规模化、专业化、品牌化"的全面提升,金康路茶文化街注重产业发展战略定位、品牌价值系统构建、文化理念提炼整理、经营业态布局规划、管理机制的创新等方面的探索,融茶叶、茶具、茶艺、茶楼、字画、观赏石雕等为一体,将"消费、鉴赏、娱乐、休闲、旅游"有机融合,打造出"西北茶文化第一街"的特色品牌,成为西北茶业发展的旗舰品牌。2012 年被中国国际茶文化研究会授予"大唐茶市"荣誉称号。

金康路茶文化街的建筑以明清风格为主,整条街都是两层朱红的木质构架,精美的木格子门窗,青砖墙面,古朴素雅。街道西口有一个很大的仿古牌楼,上书"金康路茶文化街"。街道两边绿荫如盖,沿街两侧有主题文化墙,讲述茶的起源、采摘、制作及饮用的相关知识,并雕刻古代文人咏茶的诗句。沿街店铺的装饰或古色古香,或清新秀丽,体现了浓郁的茶香茶韵。

茶能养身，也能养心，只有内心安静平和的人才能品出茶的香味和真味。与其他商业街的人声鼎沸、热闹喧嚣不同，金康路茶文化街让人内心宁静安适。漫步在街头，即使不买茶叶，不喝茶，只是看看店主的茶桌，看看上面玲珑精美的茶具、古朴雅致的木雕古玩、生机盎然的绿植花卉，内心就会安静愉悦起来。当客人走进一家店铺，无论是否购买茶叶，无论购买多少，店主都会真诚热情地邀请客人落座品茶。进门都是有缘人，以茶交友，以茶会客，既做生意，也交朋友，岂不乐哉？喝茶聊天，让紧张忙碌的生活慢下来，金康路茶文化街是养心静心的好去处。

根据新城区商业发展规划，金康路茶文化街在未来将努力发展融品茶赏茶、产品展示、书画鉴赏、休闲旅游等于一体的富有文化内涵的新业态。将通过展示珍品茶具、书画、雕刻、泥塑等艺术形式来展现西安茶文化的悠久历史，也将通过举办茶艺表演、茶文化及茶保健知识讲座等休闲娱乐活动，让游客品茶香、知茶趣、享人生。

金康路茶文化街的商铺多以茶叶品种命名，简洁醒目，便于顾客选择和购买。一些店铺的牌匾上有书法名家的亲笔题字，增加了店铺古朴雅致的文化魅力。户外牌匾上古朴的书法艺术、室内茶桌上雅致灵动的陈设、茶杯里袅袅飘起的茶香相得益彰，体现了丰富深厚的茶艺文化。

综上所述，上面介绍的几个商业街区都各具特色。书院门体现了古朴高雅的古代文化，大唐西市将古代文化与现代文化、本土文化与外来文化相互融合，骡马市商业步行街体现了流行时尚的现代文化，回民街反映了鲜明的穆斯林饮食文化特色，金康路茶文化街折射出中国源远流长的茶文化艺术。为了与整条商业街区的商业氛围和文化景观实现和谐统一，从而形成板块优势和汇聚优势，各个商业街区鲜明的文化特色和文化氛围会对该街区的店铺命名产生很大的影响。

由此我们可以看到，西安店名作为西安城市的一张商业名片，塑造和影响了西安城市的文化形象和文化精神，同时，西安城市的规划布局和功能分区、城市整体的文化氛围以及具体商业街区的文化特色也会对店铺命名产生一定的影响，二者之间呈现一种双向互动的关系。

余　　论

一　西安店名的变迁折射了汉语的发展变化

西安是中国的西安，西安店名使用的是通用汉语，因此通过西安城市不同时期店名的变迁可以看出汉语使用的发展变化。从清末到新中国成立前，西安店名的构成以古雅的三音节为主，体现了比较鲜明的文言色彩。新中国成立到 20 世纪末，西安店名的音节数打破了三音节为主的格局，音节数量多样化，以四、五、六音节为主，展现了汉语白话文代替文言文的进程。进入 21 世纪，西安店名的语码构成变得多样化，除了使用汉字，还使用了汉语拼音、外文、数字、特殊符号等多种形式。西安店名的构成形式越来越多样化，打破了传统的属名 + 业名 + 通名的固定构成形式，属名 + 业名的构成形式越来越多，体现了汉语交际经济简明的特点。店铺属名、业名、通名的用字用词越来越丰富独特、新奇灵活。店名的语法结构虽然仍以偏正结构为主，但已经不局限于此，而是出现了联合、主谓、动宾、补充等多种结构形式。为了提高表达效果，店名中使用了仿词、借代、夸张、比喻、引用、拟声等修辞手法。从清末到21世纪以来西安店名语言形式的变化反映了不同时代人们的商业追求、价值观念和审美观念的改变,体现了汉语强大的包容能力、吸收能力以及不断丰富求变的发展趋势,勾勒出汉语历时发展变化的轨迹和脉络。

二 西安店名的变迁反映了西安城市经济和文化的发展

清末到新中国成立前,西安店名所反映的商业门类很有限,根据史红帅所著的《近代西方人视野中的西安城乡景观研究(1840—1949)》,我们共搜集到清末至新中国成立前的西安店名121个,涉及典当、茶叶、酒、药材、粮食、布匹、杂货以及其他日常生活吃穿用度等58个小类。这些商业门类仅限于基本的生活资料和生产资料,说明了当时西安的商业尚不发达,对外文化交流相对比较闭塞。

通过我们在《西安商业60年》中搜集到的从新中国成立到20世纪末的267个店名,可以看出当时西安的商业门类有日用百货、饮食、服装、纸业文具、药品、照相、洗浴、美发、茶叶、图书、家具、电影放映、首饰、住宿等方面。与清末至新中国成立前相比,新中国成立至20世纪末店铺的行业门类已经大大丰富了,既满足了人们日常基本的衣食药用等生活和生产所需,也提供了日常休闲娱乐、装饰美化及其他方面的生活消费。这充分说明了新中国成立之后,西安的经济得到了快速发展,越来越多的商业门类既满足了人们物质生活的需要,也满足了人们日益增长的精神文化生活的需要。

通过对实地调查搜集到的 5282 个 21 世纪以来西安店名的整理，可以看出当代西安增加了一些新的业态，主要体现在休闲娱乐、美容养生、房产中介、便利购物等领域。这些新增的商业门类均为服务行业，这说明随着社会经济的不断发展，西安的商业发展进入了异常繁荣与活跃的时期。只要消费者有休闲娱乐、美容养生、房屋租赁、便利购物的需求，就会有相应的业态满足人们的需求。另外，外国商品和服务的不断进入，也充分说明了西安改革开放的步伐在不断加快，对外交流越来越频繁，西安在不断迈向现代化和国际化。通过店名分析可以看出，当代西安的城市文化体现出古今文化交融、本土与外来文化共生的丰富多元、兼收并包的特点。

三　当代西安店铺命名中的不足

当代西安店铺命名在整体上体现了积极阳光、健康向上的精神面貌，但是也存在少量低级媚俗、猎奇怪异的命名以及错误和不规范的牌匾书写现象，这些应该引起相关部门的重视。另外，西安作为中国的一个城市，深受中国传统文化的熏陶和现代文化的浸染，所以在店铺命名方面一定会具有与全国其他城市共通的特点，这无可厚非。但作为西北部的经济文化中心和代表城市，作为中国乃至世界上的文化古都，西安应该更好地凸显自己的文化个性。从我们目前调查的结果来看，当代西安店名中虽然也有一些反映西安独特的地域文化的店名，但是总体数量比较少，文化个性并不突出，没有很好地彰显出西安深远丰厚的文化底蕴。很多时候走在西安街头，身处高楼大厦之中，五光十色的广告牌林林总总，炫目的霓虹灯闪闪烁烁，每当这时，总令人觉得很恍惚，不知自己身处哪个城市之中，或许只有看到了大雁塔、钟楼、城墙这些标志性的建筑才知道自己身在西安。在城市化进程不断推进的当下，在千篇一律的高楼大厦间，在同样巨大的广告牌和五光十色的电子屏幕中，在同样来自全国乃至世界各地商品的洪流中，如何保持并突出西安城市自身的文化个性，值得我们的每一个城市管理者认真思考。

四 关于当代西安店铺命名与西安城市文化建设的思考和建议

城市店名是反映城市文化的一个窗口、一面镜子，我们要充分挖掘和利用城市本身蕴含的文化因素为城市店名赋能、为城市文化添彩，从而提高店铺的文化品位、塑造城市的文化形象。关于西安店铺的命名与西安城市的文化建设，笔者有一些粗浅的思考和建议。

（一）充分利用西安的历史文化资源

西安作为中外闻名的文化古都，有着悠久灿烂的历史文化，先后有周、秦、汉、唐等13个王朝在此建都，西安有很多古代的名胜和建筑，如钟楼、鼓楼、书院门、明城墙、大雁塔、小雁塔、碑林、大明宫、兴庆宫、大唐芙蓉园、乐游原、青龙寺、八仙庵、高家大院、湘子庙、粉巷、德福巷、回民街、西安半坡遗址、唐长安城墙遗、曲江池遗址、唐大慈恩寺遗址、大唐西市遗址等。西安还诞生了许多的古代名人并留存不少艺术作品。这些都是独特的文化资源,在店铺命名时可以充分利用这些文化资源,提升西安城市的文化品位和人文个性。

(二) 认真提炼当代西安城市精神的内核

历史上,西安经历了混沌蛮荒的文明曙光、尊德崇礼的西周、重功求霸的强秦、百川汇流的大汉、流光溢彩的隋唐。隋唐时期实现了划时代的南北整合,出现了星汉灿烂的盛唐气象。[①] 历史上的西安,每个时期都有自己鲜明的城市精神,当代西安的城市文化精神是什么?陕西省城市经济文化研究会会长张宝通先生认为:西安被定位为继北京、上海之后,第三个国际化大都市,西安城市复兴的目标就是把西安建设成承接亚欧大陆合作交流的国际化大都市。城市复兴需要文化准备,需要提炼城市精神。张宝通先生将当代西安的城市精神概括为"开放包容,追赶超越"。他认为,只有弘扬汉唐长安开放包容的城市精神,只有不断追赶超越,西安的经济实力和发展质量才能得到不断提升,才能最终发展成为国际化的大都市。[②] 城市精神是城市文化的灵魂,有了鲜明的城市精神,西安城市文化才有根脉。在西安城市精神的引领下,西安店名可以更好地体现西安城市的开放性、包容性和国际性。

[①] 庞德谦、郭天祥、孔润年:《陕西地域文化》,西安地图出版社 1997 年版,第 40 页。

[②] 张宝通:《西安城市复兴需要怎样的文化准备》,2019 年 6 月 17 日,https：//www.360kuai.com/pc/91adbffda80214a1d? cota = 3&kuai_ so = 1&sign = 360_ 57c3bbd1&refer_ scene = so_ 1),2019 年 11 月 9 日。

（三）进一步打造和优化特色商业街

特色商业街一定要有自己的商业个性，这种个性既体现在商品特色、购物环境上，也体现在店铺的命名以及街区文化氛围的营造方面。目前，西安已经建成并发展了一些特色商业街区，如上面提到的书院门、大唐西市、骡马市商业步行街、回民街、金康路茶文化街等，但是这样的特色商业街的数量还是比较少。如何能够不断保持并提升这些特色商业街的文化品位，不断提高其文化附加值，同时进一步整合资源，扩大宣传，塑造品牌，突出特色，打造出更多的特色商业街，是西安市相关部门需要认真思考和解决的问题。

（四）促进老字号店铺的传承和发展

老字号店铺是指经营时间相对久远的店铺，它满足了不同时代人们的消费需求，丰富了人们的生活。2020年西安公布了首批42家老字号企业，有西安饭庄、老孙家饭庄、德发长、同盛祥、西安贾三清真灌汤包子馆、德懋恭、贾永信腊牛肉、西安烤鸭店、白云章饺子、全盛斋、春发生、清雅斋、樊记肉夹馍、袁记肉夹馍、藻露堂、西北眼镜行等。老字号店铺的特色商品和精湛技艺，具有重要的品牌价值、经济价值和文化价值。老字号店铺的经营理念是诚信兴商，弘扬商业文明的核心内涵和宝贵财富。保护好西安的老字号店铺，促进老字号店铺在新时期的传承和发展就是在留存西安城市的历史，保护人们的城市文化记忆。

（五）实行弹性和人性化的市政管理

为了方便城市管理和美化市容，西安市容管理部门定期要对市容市貌进行整顿和治理，这本来是促进城市建设的好事情。但是相关部门如果在市政管理的过程中僵守教条，搞一刀切，那就会适得其反。2021年9月第十四届全国运动会在西安召开，为了迎接全国四面八方的宾客，展现西安良好的市容市貌，"十四运"开幕前，西安市政管理部门组织了多次大规模的卫生检查和市容环境的整治工作，并对西安一些街道或者同一个行政区域的老旧店铺牌匾进行了集中更换。更换后的新牌匾为统一的颜色、版式和字体，只是店铺名称不同，这样固然整齐统一，但是也显得呆板僵化，降低了店铺之间的区别度，店铺的个性不能得到很好的彰显。原来可能仅凭个性化的牌匾，店铺之间就可以相互区别，更换为统一的牌匾之后，店铺之间一定要仔细分辨才可相互区别。如果店名是店铺的眼睛，那么店铺牌匾就是店铺的脸面。如果"千店一面"，那么所有的店铺都会面目模糊，过于整齐划一的牌匾样式也会使街景丧失自然灵动的美感，这实在是一大遗憾。市政管理部门应该在店铺牌匾管理的过程中，实行弹性和人性化管理，将和谐统一与保留个性相互协调、相互平衡，而不是盲目僵化地搞一刀切。如何使店铺牌匾还原商业文化原生态的美感，各美其美，同时又便于管理和监督，美美与共，这是需要我们的市政管理者深入思考的问题。

城市店名是城市的文化符号，是城市经济发展和社会生活的晴雨表,通过对不同时期西安城市店名的研究,我们可以了解汉语历时发展演变的脉络以及西安城市的经济、社会和文化发展的轨迹。希望这本《西安店名与城市文化研究》的小书,对西安店铺的命名与西安城市文化建设能有所助益,同时对全国其他城市的店名与文化研究能提供些微启示。

参考文献

常敬宇：《汉语词汇与文化》，北京大学出版社 1995 年版。

陈建民：《中国语言与中国社会》，广东教育出版社 1999 年版。

陈榴：《命名的学问与艺术》，大连理工大学出版社 1990 年版。

陈平原、王德威、陈学超：《西安：都市想象与文化记忆》，北京大学出版社 2009 年版。

陈望道：《修辞学发凡》，上海教育出版社 1979 年版。

冯艳阳主编：《那时长安》，陕西人民出版社 2013 年版。

符淮青：《现代汉语词汇学》，北京大学出版社 1985 年版。

高芒喜：《西安商贸六十年》，《西安商贸六十年》编辑委员会，2010 年。

韩华：《关于社会用字规范化问题的思考》，《中州学刊》1996 年第 4 期。

韩山：《谈谈商店文明用字》，《商业文化》1995 年第 2 期。

和红星：《西安于我——一个规划师眼中的西安城市变迁》，天津大学出版社 2010 年版。

黄伯荣、廖旭东：《现代汉语》下册，高等教育出版社 2007

年版。

黄新亚：《三秦文化》，辽宁教育出版社 1995 年版。

李洪彩：《店名文化传播研究》，知识产权出版社 2018 年版。

李明英：《店名与商品品牌名的特殊含义》，《锦州师范学院学报》（哲学社会科学版）1995 年第 4 期。

李晓云：《快餐族语词及快餐文化》，《青海师范大学学报》（哲学社会科学版）2005 年第 7 期。

刘志宽、谬克沣、胡俞越：《十大古都商业史略》，中国财政经济出版社 1990 年版。

楼宇烈：《中国的品格》，当代中国出版社 2007 年版。

孟昭泉：《当代店名文化概览》，《中天学刊》1998 年第 3 期。

孟昭泉：《店名文化探源及其老字号》，《河南社会科学》1998 年第 1 期。

潘明娟、耿占军：《长安历史文化概论》，陕西人民出版社 2011 年版。

钱理、王军元：《商店名称语言》，汉语大辞典出版社 2005 年版。

申小龙：《中国理论语言学的文化重建》，沈阳出版社 2006 年版。

施春宏：《语言在交际中规范》，中国经济出版社 2005 年版。

史红帅：《近代西方人视野中的西安城市景观研究（1840—1949）》，科学出版社 2014 年版。

苏新春：《文化语言学教程》，外语教学与研究出版社 2006 年版。

［美］孙隆基：《中国文化的深层结构》，广西师范大学出版

社 2004 年版。

[英] 泰勒：《原始文化》，连树声译，上海文艺出版社 1992 年版。

王丽梅：《中国店名的文化特征》，《北华大学学报》（社会科学版）2004 年第 1 期。

西安市统计局编：《西安五十年》，中国统计出版社 1999 年版。

薛平拴：《古都西安——长安商业》，西安出版社 2005 年版。

张齐荣：《连锁经营模式的构造及运行》，《商业研究》2007 年第 6 期。

郑献芹：《品牌命名的方式和技巧》，《河南师范大学学报》（哲学社会科学版）2007 年第 5 期。

钟明善：《中国传统文化精义》，西安交通大学出版社 2001 年版。

朱士光、吴宏岐：《古都西安——西安的历史变迁与发展》，西安出版社 2003 年版。

附录一　清末至新中国成立前的西安店名（共计121个）

二音节店名（2个）：

鼎立、春发

三音节店名（110个）：

同仁当、同义当、同丰当、万成当、生一当、永丰当、顺兴当、晋兴当、德胜当、仁义兴、同和公、同心和、万寿合、信封和、彩盛生、同春合、广盛行、和隆永、协盛德、同顺祥、乾顺店、新成祥、茂盛正、程大盛、吕同兴、通泰堂、万镒元、协成王、同心集、万顺隆、自立久、自立裕、义兴恒、百川通、大德恒、大德通、蔚泰厚、大成行、隆顺裕、公顺成、王正兴、通德和、天成德、王三锡、全盛行、清盛丰、鼎隆昌、笃敬斋、茂兴行、永盛行、集泰厚、恒胜生、德茂恒、永聚德、世兴恒、永生隆、长泰福、致和成、丰盛昌、月盛成、永利源、同义集、东香长、义和永、世裕厚、协成和、荣丰长、义兴城、致远成、复兴老、得盛成、庆合德、义盛通、际盛德、同春堂、宣元兴、公正和、茂盛德、益成泰、恒顺福、天兴成、积余庆、林盛协、张公顺、王盛楼、万兴源、德盛公、元泰增、致顺德、茂盛增、永顺益、天成秀、顺新和、顺兴恒、顺兴成、协翼生、义合德、德盛魁、茂盛源、复兴源、瑞庆德、华外瑞、明德楼、得明楼、春协斋、厚林成、荣福成、冯班轩、乾泰祥

四音节店名（9个）：

恒兴复当、东天丰店、西吴行头、东杨文魁、蔚丰银行、东关山货、西瑞盛生、东恒益成、西永兴庆

附录二 新中国成立至 20 世纪末的西安店名（共计 267 个）

二音节（3 个）：

永兴、天章、利康

三音节（48 个）：

春发生、曲江春、德懋恭、天香村、稻香村、德盛和、藻露堂、际盛隆、益元堂、德寿堂、普太和、达仁堂、万全堂、广育堂、双胜楼、明德楼、义祥楼、太和楼、庆丰裕、文盛祥、万成号、万聚德、锡鑫城、德昌店、忠盛店、德华斋、博艺斋、全盛公、万兴源、公盛德、集成福、老凤祥、灵龙泉、珍珠泉、积春成、公正和、世兴魁、文古斋、宜文斋、辅文斋、玉泉斋、德茂权、德庆元、德庆恒、茂盛福、茂盛顺、同庆祥、义兴隆

四音节（59 个）：

上海酱园、荃鑫酱园、肖家馄饨、庚家粽子、永发鱼店、群立鱼店、红旗商店、华侨商店、西安饭庄、吕记食堂、德记药房、广济药房、世界药房、中华药房、西北药房、欧亚

药房、惠东药房、海陆药房、中兴药房、华美药房、新明药户、中西药户、新兴药户、自强药户、殿华药户、德合洋行、日升商店、友谊商店、钟楼商店、劳保商店、西安秋林、朱雀大厦、羊毛衫城、开元商城、民生百货、西安民生、厚大公司、宝丰金店、物华金店、镐京旅馆、西京旅社、茂盛客店、建设旅馆、土门旅馆、小寨旅馆、唐城宾馆、金花饭店、钟楼饭店、建国饭店、西京饭店、北海浴池、泰华布店、新华书店、天祥纸行、公益书局、中华书局、世界书局、联益书店、现代书店

五音节（69个）：

白云章饺子、樊记腊汁肉、老吴家元宵、老韩家汤圆、王家梆梆肉、全义柿子饼、老徐家稠酒、大麻子馄饨、教场门饸饹、新中华甜食、厚德福饭庄、正大豫饭馆、德发永鱼店、张家楼饭店、老孙家泡馍、聚丰园饭庄、曲江春饭店、儿童食品店、上海王明山、积太和粮店、国泰文具店、新新文具店、世界大药房、五洲大药房、京兆大药房、鸿安祥鞋店、天华百货店、逢源号商行、新华服装店、延安路商场、西北眼镜行、协昌五金号、华西五金行、同汇丰商行、新凤祥银号、老庆云金店、西北大旅社、阿房宫旅馆、韩森寨旅馆、大同园浴池、明星池澡堂、上海理发店、南京理发店、新美理发店、鑫记鞋帽店、前进鞋帽店、城隍庙商店、城隍庙饭店、宝康西服店、远东西服店、西京招待所、泰华棉布店、福康西服店、青年服装店、东亚服装店、克利洋服店、人民服装店、益民食品店、安远文具店、大芳照相馆、白宫照相馆、英华照相馆、商务印书馆、天成永茶庄、王大昌茶

庄、明星电影院、银汉电影院、钟楼电影院、明珠家具城

六音节（48个）：

大时代葫芦头、德发长饺子馆、春发生葫芦头、福顺隆油泼面、王记羊血泡馍、高家红肉煮馍、赵光奎猴头面、王记粉汤羊血、韩家桂粉汤圆、老马家牛羊肉、花木兰糕点店、袁家水盆大肉、西安食品商店、五星食品商店、益民食品商店、儿童食品商店、新华食品商店、钟楼食品商店、庆丰食品商店、中华食品商店、西京食品商店、新安合作食堂、前进鞋帽公司、民生合作商店、解放合作商店、平安合作商店、民生国营商店、解放国营商店、平安国营商店、民生百货商店、福顺祥杂货店、亨达利钟表店、天庆福杂货店、德华斋眼镜行、西京国货公司、新安百货商店、西安百货大厦、唐城百货大厦、朱雀贸易大厦、富康时装大楼、民生百货大楼、长发祥绸布店、长发祥棉布店、荣发和纸张店、一文阁文具店、吉庆福乐器店、文古斋文具店、罗庆云照相馆

七音节（9个）：

丰镐路百货大楼、浙江老凤祥金店、天华纺织品商店、利昌照相材料行、利昌照相器材店、老童家腊牛羊肉、樊记腊汁肉夹馍、城隍庙合作商店、城隍庙国营商店

八音节（19个）：

老童家牛羊肉泡馍、永信回民食品商店、西安旅游侨汇商店、西安解放路饺子馆、新中华体育用品店、西安中山百货大楼、集义隆转运过载行、长发祥纺织品大楼、西安西北商贸中心、苏州老九章绸缎庄、裕兴祥纸张文具店、妇女儿童用品商店、西安民生百货商店、东方照相器材商店、西安

解放百货大楼、西安民生百货大楼、西北服装批发中心、西安南一百货商场、西安富康时装大楼

九音节（3个）：

西板坊德合生药材行、西安市旅游侨汇商店、西安长发祥协和商场

十音节（5个）：

浙江南华糖果糕点公司、西安市北大街百货商场、西安长发祥纺织品大楼、解放路第一百货门市部、西大街第三百货门市部

十一音节（1个）：

西安市妇女儿童用品公司

十二音节（3个）：

西安民生集团股份有限公司、西安解放百货股份有限公司、西安秋林商贸股份有限公司

附录三 21世纪以来的西安店名（共计5282个）

一 纯汉字店名（共计5032个）

单音节（5个）：

囍、萱、宫、妞、里

双音节（217个）：

闲庭、南巷、汉肆、聚兰、翠筠、泓绿、喆庐、端砚、青魁、圣岩、高古、首尔、罗蒙、爱尚、知足、酷森、依恋、卓卓、弈皓、伊然、依尚、弈博、俏妮、楠夕、花漾、街客、视界、臻美、足韵、威狼、耐尔、猫铺、慕格、鞋帮、爱爱、主流、忆构、左研、妙丽、莫凡、独品、鑫蕊、彬彬、唯衣、防线、遇尚、萌芽、尚品、安雅、哥尚、包典、唐狮、猫窝、欧点、靓点、梵秀、绽放、米果、靓果、麦麦、面馆、柏林、玉莎、剪枫、三枪、青果、雅源、杉杉、伊姿、古今、臻典、韩飞、奥吧、哥弟、蓝姬、改变、拙雅、皇妹、依索、创兴、米莱、佐驰、卓越、队列、前沿、千媚、艾卡、深港、迷失、邂逅、依美、以纯、脚板、颖尚、拓谷、猫咪、衣家、混搭、口岸、美嘉、色域、希珠、天衣、桃紫、鞋库、米琪、盛达、衣室、悦城、麦卡、采活、袜行、伟宇、本色、伊康、黄雁、外贸、纯美、阳逸、返寻、依臣、沙曼、骆驼、伟志、联想、鞋柜、惠特、贵衣、简爱、帝花、薯格、多客、秦洋、角色、港饮、绝味、乐友、梦雅、衣铺、占米、秀丝、丹瑞、标榜、雅黛、美都、风韵、春竹、铭品、白茶、蒸饺、谭面、伊雅、铭茜、民生、普罗、正新、简餐、汇爱、弥屿、琦莉、姚领、纳维、品衣、名典、易堂、兰亭、茅台、尚膳、福碌、绿毒、德邦、三利、雀康、众泰、懂面、淑雅、雅致、穆萨、巷子、水泥、阿飞、亮点、艾木、特装、麦兜、爱心、米兰、天兴、天华、伊纯、完美、七星、天姿、茹尚、印捷、风尚、衣福、浪琴、依绣、康佑、足恋、百丽、臻傲、爱菊、珍你、歌瑶、左驰、风笛、米旗、纳纹、简美、纳衣、山葵、云裳、森马、安踏、天福。

三音节（812个）：

荣鑫斋、博雅斋、紫清阁、德聚怀、藏珍阁、香积堂、唐贵人、琢璞堂、鸿宝林、宝丰阁、杰诺庭、老学堂、荣翠轩、长乐堂、茗雅轩、霓羽轩、还珠阁、德馨居、瑞玉祥、民俗阁、无盖堂、多宝堂、古槐轩、文古斋、静馨楼、古华斋、聚贤堂、京味轩、维罗纳、紫云阁、守璞轩、松竹山、博古堂、秦文斋、艺缘阁、水墨轩、顺义斋、秦予堂、艺广轩、精艺斋、静默斋、志昭轩、龙凤阁、玉如意、万印楼、兰翠阁、玉臻琅、绿橄榄、天真堂、神功阁、庆平堂、怀古轩、石攀金、珏瑟轩、徽宝斋、进宝斋、紫华堂、福玉德、德怡轩、紫陶居、乐玉坊、惠碧轩、集福轩、润玉轩、舒文阁、宝艺阁、安宝斋、钰葆斋、赏钧阁、家常菜、姐妹面、文博斋、翰林轩、宝风阁、盛林苑、弘艺轩、欧艺德、荣攸斋、方宝斋、文昌斋、云集轩、雍华斋、积顺斋、鸿儒阁、荣石斋、兴华堂、玉福祥、观自斋、聚福阁、玉缘轩、长寿阁、文风阁、紫陶轩、堰上人、墨草庄、凝瑞阁、醉墨堂、广泰轩、盛墨轩、二序堂、静影斋、和田玉、随缘阁、笃行轩、雅集堂、瑰宝斋、锦墨堂、润景斋、赏思斋、文盛堂、集玉堂、腾龙阁、聚雅阁、听雨堂、赐缘轩、万宝轩、厚德斋、馨墨绿、金元堂、愚禅堂、得一堂、聚绿阁、瑞生堂、龙华轩、唐石轩、华藏斋、蓬辉阁、唐胜轩、福乐斋、辋樊阁、长乐斋、鑫瓶阁、秦汉堂、文信斋、乾隆玉、醉墨轩、福霖斋、聚雅轩、集贤堂、风雅堂、金时尚、大臻阁、圣璞轩、祥福玉、国石馆、悦翔楼、玉缘阁、翠生生、文华阁、石尚品、清心堂、盛大庄、尚瑀缘、印石轩、杏林斋、采玉林、盛园阁、聚鑫楼、状元楼、聚翠轩、玉万楼、迎春阁、聚元祥、御品轩、翰墨苑、知乐轩、草果轩、水瓶座、昕薇阁、抢手货、依拉客、山木石、伊可人、丽人坊、韩衣阁、俏美人、邪之城、伞天下、四季衣、水果捞、晶贵人、男人帮、小时候、俪群会、包妮美、集丽舫、时光屋、小脚色、洋洋街、星期衣、唯依．美、罗丽丝、麦小兜、夜行猫、西江月、丫百惠、沙巴克、野酷杰、伊美汇、意纤回、芭芭多、水芙蓉、米思米、玖银庄、七色花、首尔风、天蝎座、瀚银轩、小资家、摩登秀、淘衣缘、靓影轩、济州岛、钓鱼岛、美丽轩、秀衣轩、淘衣阁、韩之秀、原小铺、名媛屋、靓帛行、衣着馆、饺子馆、鞋博士、桃木坊、老火锅、纳家楼、顶尚风、木雅缘、老爹红、柏花林、雅摄影、青曲社、臻艺堂、素面馆、唐韵阁、延墨斋、文昌阁、文雅阁、双品轩、博文轩、文书斋、天马堂、云海堂、醒吾斋、追燕斋、荣盛恒、孟华堂、博闻堂、名墨阁、静晓园、铜德轩、蝴蝶王、首发源、发型社、食羊府、雅味居、伊酷哇、迈德思、比你酷、豆腐刘、董小白、美丽说、汉江源、瑛之韵、葆真堂、得利斯、渝香村、西府面、茶克拉、迪芬娜、鼎香坊、灏文堂、珍宝楼、怡雅轩、艺粹阁、龙砚斋、中天阁、一品宣、大宝居、蜀风堂、兰宝斋、蜀味香、上品居、雪芳斋、华宝轩、芳邻阁、一帆堂、阿依莲、易圣堂、香香莉、小飞象、圣雪绒、雪中飞、水果城、神雀堂、菲味儿、兰卓丽、茜施尔、靓鞋坊、鲜花坊、好利来、香辣虾、波斯湾、艾丽娜、美伊晨、蟹都汇、商务舫、胖子鸡、涮肉坊、回头屋、新饰界、流行坊、闺蜜儿、老爷车、欣苏秀、创优产、雅尔特、爱宝贝、白铃兰、丽人轩、无限极、古惑仔、步源轩、兴麟产、建达产、风向标、酷女坊、粉衣缘、空间洁、车世界、麦酷宝、厚普堂、文汇轩、宠物馆、发极限、盈庭产、名发廊、车博士、佰分佰、尖峰产、谢艺坊、班尼路、乡村基、老孙家、儿童屋、帝梦诗、意尔康、富妮来、欧姿秀、芳菲儿、川滋味、蜀留香、舞茶道、石锅苑、戴芝蒂、芘茜尼、金娃娃、嗒嘀嗒、红草帽、奥丽依、花仙子、馨而乐、海星派、粤珍轩、诺曼琦、淘易铺、亚曼奴、泰熙家、龙瑞轩、金汉斯、蜀桥缘、口留香、岐味香、发丝源、漂之杰、没穿鞋、赏玉阁、伊之美、墨银阁、依云轩、伊美轩、雪妮芳、日韩阁、依姿雅、依之妮、避风塘、香炸串、真茶道、佬香翁、哎呀呀、新道恒、芙琳轩、富安娜、蝎一府、风波庄、乡川村、水果店、川菜坊、川味居、菠菜面、裤带面、馋嘴鸭、麦里金、麦迪儿、首发原、三升产、蜀香园、自然堂、化妆阁、靓饭氏、美再晨、便利店、有木有、花满楼、江湖菜、螺丝店、湘川肴、聚仙庄、脚之家、鼎鼎香、小河南、梳颜坊、老碗面、老私菜、辣不怕、达芙妮、金土地、福来包、阿咿呀、欧蕾仕、必胜客、肯德基、屈臣氏、世纪音、新东方、玉源玉、招待所、擀面皮、文君阁、川香居、山茶油、包淘淘、藻露堂、妈妈屋、盛美隆、老蜂农、果之鲜、百老泉、缤纷花、鑫味道、老台门、华尔兹、珍菇源、玉石林、美赞臣、简衣舍、户外鞋、轩韵博、枣福源、风剪云、迈世威、德仙楼、食味轩、衣总汇、果然香、易润阁、十字绣、白癜风、灰指甲、紫菱阁、空间色、桃酥王、特百惠、四季风、依曼丽、贼人坊、知名度、玉溪源、逸舒轩、新潇洒、乐华滋、烟酒店、十九味、靓甲店、艺发吧、小零碎、竹叶青、黑米糕、鲜果多、老白家、玉泉阁、湖南菜、红宝石、百佳衣、土特产、欣天海、皮皮堂、咕噜鱼、仟丽堂、挞挞屋、小花布、每乐地、芊芝廊、顺客来、明视朗、旧书店、发之艺、妙手堂、章药膏、大号鞋、川尚香、帮尔康、馨妍阁、桑迪丝、德发长、冠天下、热米皮、吉祥阁、千禧园、德和堂、老鱿记、心情好、知蜂堂、真灵验、膏药章、大长安、汤小兵、涩谷店、三字禅、紫丁香、御缘香、康达来、馄饨王、多味芝、金兰聚、布鞋源、麦香堡、艺美阁、有你可、婵之云、马撒克、玫瑰秀、御记煌、傻得冒、嘴嘴香、福味居、巴贝拉、米兰登、多那滋、关中味、伊咪儿、茶时间、御速居、厚生隆、大益茶、本命年、和声轩、润心号、雅趣苑、夏圭坊、李唐坊、佳艺堂、品艺楼、福瑞轩、金谷园、藏锋阁、颂雅楼、祥云轩、丹青阁、宝顺阁、海润轩、巨艺轩、墨香阁、艺品斋、乐艺堂、尚品阁、丰禾园、孟顷坊、天锡堂、翟林轩、墨顷阁、茶酒轩、唐木匠、韩都里、食为天、秋雅轩、梦云阁、八方香、鸿盛堂、关东情、老窑洞、土平府、紫云轩、唐御菀、麦德肯、新经典、品品香、笼笼香、淘衣坊、宝贝儿、蜀难源、辣巴人、彩虹糖、赛百味、迪信通、知味居、金剪秀、福百年、啊依呀、姿姿屋、彩虹堂、蓝月亮、如意坊、学友源、福运阁、名店坊、小吃城、红宝藏、婉婉香、岐山面、鼓馨斋、杭丝坊、牡丹阁、翠宝源、西北楼、伊诚斋、典盛园、悦心阁、手工坊、玉林村、博芸堂、藏宝阁、伊德斋、文盛轩、思贤阁、天宝阁、宏聚阁、酥肉坊、全盛斋、伊家人、阿拉丁、恒源发、佰果堂、穿名堂、鸿禧堂、老槐树、德富园、福德茶、和盛祥、陕十三、明古斋、西遇纪、博艺轩、培文斋、伊鑫楼、健康阁、鞋风社、伍纳滋、秦宝阁、汉唐轩、沙湖情、伊盛园、德盛源、珄容颜、钟少白、青都里、谭木匠、奥丽莎、紫悦坊、萌宝贝、古今香、童趣屋、天一舍、艺品苑、阿拉买、俊颜轩、祥盛瑞、汁焖锅、星巴克、阿玛施、合一店、伊裳轩、欧雷仕、沙迪亚、玥儿坊、认一坊、雨依楼、饺子王、一真楼、香女人、凯茵婷、发之家、同光堂、天云轩、撒拉膳、鞋艺房、发源地、兰艺斋、南韩秀、名鞋柜、玉琳坊、古雅阁、牛仔行、格莱瑞、奥好派、陕师傅、辣婆婆、老花家、多彩鱼、曼天丽、简朴寨、茗中叶、佳食特、玉生

附录三 21世纪以来的西安店名（共计5282个） 171

缘、欧味多、观膳悦、依俊卿、鸿姿情、新视听、旺优枣、宝生园、真砭堂、荣寿堂、楚留湘、车马店、大红门、鑫衣尚、健利达、润雅轩、衣拉客、娃娃屋、花儿坊、刑老三、好吃屋、小飞剪、发艺炫、新发线、莎诗特、稻草人、艾莲达、百斯盾、波司登、九佳易、克拉拉、霖塬聚、爱儿健、忘不了、发现美、茗酒坊、包大仁、新领域、苗一木、极闹闹、大源杰、湘林轩、浴足阁、盼盼门、零嘴屋、煲仔饭、舍得香、阳光地、姬秀坊、东东包、天堂伞、裁缝铺、扯面馆、调味居、修鞋店、馄饨铺、泡馍馆、米线店、报喜鸟、雅泰来、贵人鸟、卡西欧、新新娘、一剪美、铁观音、乌龙茶、大红袍、普洱茶、富硒茶、金银币、周大福、人人乐、麦德龙、自由秀、美甲秀、袁小铺、鲜果园、百果园、丽人岛、虎啸岩、英雄煮、悦生活、嫽得太、嫽扎咧、美得很、没鞋穿、牛肉面、胡辣汤、包子铺、时尚美、秦汉唐、唐乐宫、义和轩、诚净和、善玉缘、出发点、挑战者

四音节（1810个）：

朝阳油画、后街酒吧、君品玉道、后街咖啡、六如山庄、花田咖啡、那是丽江、巷往咖啡、尚嘉珠宝、艺丁画廊、蓝艺画框、九天画框、青岚湖笔、大千纸行、惠宝玉器、毛家书画、秦韵青铜、石禅书谱、腾达笔庄、琦林框业、老博古斋、景德瓷都、国根笔庄、紫茗道庄、摩尼宝藏、振云画廊、张三纸坊、玲玲面屋、顺成油画、元登油画、文道书法、慕容珠宝、吉木艺林、明阳书画、明栋书画、曦文画苑、三民书法、丁玲画苑、灞柳画廊、宝珍画屋、雅古尚品、刘鸿书画、金宝艺苑、曲值书屋、春辉油画、晨东书画、石林书苑、

涂氏剪纸、金玉满堂、三秦风光、红木工艺、金石玉叶、百业珠宝、宣纸世家、书门旅馆、华夏笔都、魏家凉皮、南街酒吧、富隆酒窖、品尚摄影、无添烧饺、天翼足道、育仁便利、香香美容、岐永凉皮、圆顺面馆、鑫园旅馆、豆腐泡馍、汇豪住宿、嘉程画廊、安居旅馆、真鑫医药、鸿运镶嵌、鹿林画框、美食美客、重庆小镇、潮流街区、天瞳刺青、水果工坊、冥天刺青、纽约纽约、大牌小物、时尚夜市、鱼乐无限、卓娅佳人、快乐柠檬、妙人时尚、美丽一号、酷裤牛仔、布拘衣格、兴旺鞋店、九号货仓、丝路情缘、时尚脚丫、伊泰莲娜、个性空间、时尚女孩、仙草之恋、酷点牛仔、一美牛仔、精品鞋屋、枫叶鞋服、江南布艺、嘎啦拐角、衣都前沿、迷你小裙、时尚内酷、手机美容、樱子运动、旺角男装、香舍丽榭、冰点地带、台北牛排、碧海云香、咕噜咕噜、手机工坊、纯银时代、我行我素、欧尚正品、依衣不舍、麦子小屋、狼域箱包、指里行间、衣林小镇、熊熊世家、爱手爱脚、韩灼男装、小妖甜美、旺角百集、迷你衣橱、小米虫子、嘉丽妆业、维多利亚、指间美甲、出色叮叮、港丽名妆、靓装服饰、娇兰佳人、美好食光、精品包铺、汉依汉舞、女装日记、摩登芭比、可可摩卡、尚地男装、首尔男装、小夏服饰、百里挑一、时尚元素、衣然自得、涵仔男装、无极装备、后街男孩、渝香川菜、奥丝蓝黛、尚酷造型、宝贝衣橱、群星宠物、一衣多洗、大海装饰、古今牌匾、丰彩日化、金莎客部、泼妇鱼庄、爱它宠它、佳缘茶坊、豪佳广告、金来牌匾、柏乐烟酒、豪琦广告、纽伦广告、拓邦光电、忠诚广告、火麟广告、三强广告、利宇光电、商南茶楼、大唐广告、译

附录三 21世纪以来的西安店名(共计5282个)

科广告、兴宇广告、江虹木雕、恒信广告、万佳画框、韩飞广告、锁子画框、雅森画框、忠怡装饰、常尝好面、星河画廊、长安玉庄、东方画框、金剪制衣、炎黄艺苑、蒲城饭庄、夏都广告、景星装饰、天宝画框、大雄标志、鼎浩广告、鹏伟广告、腾迪广告、锦轩广告、龙跃广告、万腾广告、超群广告、旭茂标识、振飞广告、威图广告、四通广告、欣和装饰、锦绣广告、智昌广告、梵高相框、上好广告、兴隆广告、四喜制品、王玲花店、湛蓝广告、天宝花坊、水果超市、捷创标识、方圆广告、鹏程广告、海特广告、火锅冒菜、鸡汤米线、过桥米线、欧克标牌、梦依洋服、得雅广告、专业足疗、饰全饰美、小杨大包、家园大药、世纪米兰、好省中介、盛源驾校、艾米甜点、粉汤羊血、北纬衣度、旺旺面屋、特色干肉、凯城商店、小白衣橱、顺源百货、品味影像、飞翎酒吧、旺大股份、美人格调、椰岛造型、金鑫宾馆、福美商店、雅致服饰、新光针织、露丝贝尔、晓晓奶站、常玉商店、雪儿蛋糕、学生书店、游戏大全、瀚文书店、红云摄影、皖南紫光、一辰印象、郁氏木艺、湖笔人家、稀石真宝、闽宝茶庄、石全石美、乐语通讯、宜品生活、华美酒店、嘉廷酒店、中豪大厦、波涛眼镜、鼎浩宾馆、巴拉巴拉、惠芳商店、尚景名品、金草烟酒、阿甘冒菜、一尊皇牛、斑斓摄影、木子户外、阿华造型、翰墨长安、水岸茶苑、文昌眼镜、凯元棉品、不二茶社、广发烟酒、奥维丝丽、牧园恋人、白沙宾馆、芳姐手袋、精致女人、园顺面食、迪菲皮具、杰瑞广告、梦飞网吧、美罗名品、芦荟专卖、海诗服饰、天福茗茶、陕西特产、伯爵工坊、福泰茶苑、天线宝贝、波特英语、吉祥旅馆、六西格玛、红姑火锅、蓝心水浴、女人天下、鸿胜宾馆、黑米蛋糕、纪丰药店、亚当服饰、秦骥贸易、紫竹花艺、鸿顺商店、睿睿商店、晓旭商店、西府小吃、时尚芭莎、江涛发研、漂亮宝贝、金德管业、时尚宝宝、创维电视、衣见钟情、远兴电器、卡莱莉尔、纤指佰魅、隆安外贸、制冷配件、吉缘发艺、时尚箱包、爱饰唯衣、中国巨日、阳光家居、迪润电超、新鲜果园、吉祥童鞋、鹏洋烟酒、贝克插座、御笔华府、霏凡广告、博源茶行、信德服饰、晋陕特产、吉祥酒坊、金山来客、石泉特产、鑫鑫童装、金秋服饰、豪旭布艺、丰茂日杂、军达百货、都市靓女、轩轩饰品、宠爱一生、郭氏推拿、时尚男装、丽丽鞋店、精品男装、男人世界、欣怡服饰、长安驿站、绮乐琴行、留恋往返、今日奶站、漫步云端、沙宣造型、美业造型、美伊美乐、发发批发、巴黎之恋、丽婷商店、鸿运电器、闽江茶庄、木尚名剪、丽苑养生、小刘车行、亿恒商贸、乐庄副食、精品包店、惠群家电、口杯大全、上层衣舍、牛仔世家、阳光商店、品韵茶庄、安奇裤行、文军商店、健康话吧、休闲服饰、诚和商行、闪亮琴行、丑女服饰、蓝梦家纺、七喜运动、佳囍婚庆、征途体育、钟爱一生、时尚衣橱、萌宠家园、弈洋广告、快乐衣站、黑猫卫士、崇文办公、余玲诊所、火爆男孩、永强文具、智德办公、七彩羽衣、粉衣苏打、翰林广告、心动网羽、劲王鞋业、捷威户外、街头服饰、上海回力、摩登一格、体育森林、弘福茶叶、媚金吉娜、审美组合、天丽美发、起航广告、家升造型、裕达商店、宝光机电、天悦浴都、军城大药、烟酒商店、陕旅驾校、头等大事、美乐理发、上海发艺、茂昌眼镜、佐佑方向、爱霖百货、阳光酒店、荣荣鱼庄、国晟物业、小城家饭、鲜花水果、纤手造型、便民超市、清卉茶社、尚品花艺、爱明眼镜、生活几何、群昱药业、天姿内衣、蔷薇美妆、维萨西餐、贵族天使、王氏美容、刘蕊美容、富源茶庄、乡村发现、时尚饰品、宝联鲜果、乡村蒸碗、波普服饰、金肤美容、衣缘小筑、缘园服饰、李南造型、华美家纺、玉道雅苑、依人依典、北京京特、阳光宝宝、康明眼镜、福山咖啡、爱尚花艺、胜利渔具、沙县小吃、永林超市、浪漫春天、精品烟酒、蒙娜丽莎、久焖提督、成都美食、老八米线、亮亮商店、村口商店、鸿胜通讯、京东板栗、金鑫通讯、顺风通讯、超越通讯、鸿发鞋行、东鹏商店、教育书店、偶遇外贸、城市佳人、平昌日杂、来力桌球、星星百货、成都川菜、川味人家、天香一锅、群阳商店、洪源造型、世纪头领、刀削面庄、爱尚名妆、温馨周到、一帆超市、丽人日化、尚银世家、学海文具、钢铁驾校、春城花坊、华津驾校、西部驾校、天添烟酒、雁翔驾校、三顺桌球、街舞教室、九月书店、大禹培训、果果衣舍、天然故事、天赐名店、衣依浪漫、络绎口袋、魅族时尚、伊朵靓装、宇玺玉器、美美瞳画、爱吉银饰、都市丽人、翠阁家饰、海航乐游、禅宗刺青、永宁便利、三份衣店、博客眼镜、柏斯琴行、现代教育、乐客网络、易拓英语、浩轩烟酒、假日网吧、富友人家、门迎天下、阿瓦山寨、湘江两岸、兴业搬家、媛媛商店、香辣冒菜、向红奶站、婷婷商店、海港美发、闻达广告、江西煨汤、彭氏快餐、云杰商店、一味茶楼、利莱洋服、四季服饰、时尚鞋屋、香榭丽舍、北关商城、玫瑰花屋、大众鞋店、华盛花店、东嘉果蔬、豫东饼店、飞亚餐馆、沁香茶庄、阿浪造型、宜佳便利、温馨鞋屋、顶尚造型、宏信烟酒、凤鸣西府、黄金加工、房屋中介、西洲驾校、世纪网都、上居客栈、八达标签、昊森广告、互惠标牌、慧生包装、金翼广告、众欣宾馆、宏宇超市、华荣广告、广宇印务、联明广告、元星印务、球迷印务、程辉广告、时代工艺、豪杰广告、木子广告、开拓广告、鼎宸广告、景程印务、浩鑫广告、乐家购物、迎宾驾校、鼎盛长安、搏优教育、佛山照明、湘秦快餐、日久车行、朝阳轮胎、奔驰车行、建大轮胎、锦华车行、赛阳轮胎、民兴车行、浩鑫旅馆、思思车行、劳保大全、泰生医药、广顺烟酒、新红车行、鸿涛劳保、华昌劳保、日发绳业、益民车行、乾坤车行、东亚商店、盛源钣金、竹签烤肉、老赵车行、吉利广告、远大科技、西京车行、永联酒店、建新车行、正新轮胎、金诚烟酒、完美护肤、永恒装饰、宏运商店、超英美容、龙翔网吧、光诚装饰、利民奶站、庆华驾校、李睿诊所、阳光装饰、陕川菜馆、邵三早点、西欣诊所、三娃鱼档、马军餐厅、名点美发、朋朋炒菜、质感小时、蒸碗大全、金穗驾校、段记面馆、祥云茶业、易康之家、东北水饺、豫东名吃、方欣大肉、欣荣书社、药膳美食、南派修脚、山东炒货、诚信超市、东园房产、阳光早点、大唐车行、军民车行、新轮轮胎、宇通车行、光明车行、三叶轮胎、山水车行、利民车行、福田轮胎、好汉锁具、合香冒菜、无敌鸡排、鹏发工具、美齐网吧、侨光琴行、鑫隆宾馆、杂粮食府、雪伟商店、西安琴行、碰瑞五金、完美人生、多彩饰品、学术书店、芦荟直销、卓越琴行、红会医院、望角超市、竹青洋服、正义法律、小毛修脚、文浩商店、建国旅社、城市川菜、今康医药、福音假肢、宝胜华庭、华润万家、一尊黄牛、天伦盛世、南方测绘、锦城印象、众合房产、长安之夜、军力烟酒、家电商行、永鑫商店、金航驾校、天府足道、薇薇新娘、岐人岐味、奢华印象、英才大厦、中翰仪器、勇飞商店、英美琴行、鑫鑫水果、泡芙工房、麦多馅饼、德国啤酒、诚智酒店、阳光国会、庆峰口腔、堂大药房、海纳网吧、吉祥水浴、福记肥牛、汉悦宾馆、煤研宾馆、山风快印、富都足道、动漫游艺、天浴会所、汉唐足疗、亚星文具、浪柏棉品、金爵房产、蛇庄烤肉、面面聚到、乡村味道、靓洁美妆、天和大包、杨记麻花、佳程驾校、力盟印务、坤鹏装饰、百姓超市、鲍烤生牦、木头面屋、瑶家猪蹄、一品小厨、便民驿站、百代房业、一多洗衣、冷饮批发、魅力衣尚、通达文具、兴旺超市、腾达制冷、立胜商店、天平驾校、川福人家、叮当面屋、红色网吧、佳悦宾馆、泸州老窖、鹏翔驾校、陕北特产、郎牌特曲、悦人酒店、西佳大厦、九街鲜饮、啊甘冒菜、一轩造型、营地户外、骏程汽租、科园宾馆、桔色成人、云裳发型、靖海渔具、怡成装订、赢向未来、宏运烟酒、美尚美巢、佳音英语、太谷歌城、望园宾馆、秦良大厦、物探大厦、金田便利、太阳便利、华珍医药、盲人按摩、超群家政、联谊听力、根根商店、荣丰花店、华豪丽晶、鱼肉夹馍、长虹搬家、天天炒货、锵锵网吧、鹏瑞面屋、宇灿箱包、艺爵广告、康宁眼镜、金鑫烟酒、珍珍精品、排骨米饭、星星商店、图文快印、天雨茶庄、卡娜服饰、泰来摄影、旭阳酒业、凤祥经典、长鑫烟酒、腊牛羊肉、银行机具、国信证券、泛美大厦、雅娜琴行、畅想琴行、三菱机电、卡兰秀街、和声琴行、时尚空间、花雨名妆、皇家布艺、印象生活、蓝贝精品、澳羊一族、咖友尚品、津津商店、月光咖啡、瑶池洗浴、富泰烟酒、仪器商城、超杰电池、旺达网络、芬芳服饰、睡衣系列、精品鞋业、惠子鞋店、帆布鞋店、床上用品、服装专卖、时尚平价、插座专家、萍聚衣橱、麻酱凉皮、旺发鞋店、喔喔男装、旺发内衣、林木鞋业、茂盛鞋业、彩铃服饰、纯棉布艺、如意鞋店、快乐零食、砂锅大全、好运鞋业、创意布艺、非你魔薯、梅梅商店、创意小屋、晨光培训、娜娜文具、乐呗鞋屋、茜茜商店、多彩家饰、彭峰茶叶、悦臻茶城、泾渭茯茶、凤凰舞厅、千阳发艺、康辉旅游、美甲会馆、壹家千色、碑林驾校、雅友酒店、西海大厦、博汇仪器、红波台球、测量仪器、苏州一光、瑞德仪器、成人用品、领地房产、旭日五金、英记车行、咪咪发屋、贝诺管业、惠美化妆、百变造型、顺和饺子、天能集团、汇源电池、美懿花房、沪秦发屋、眼睛烤肉、鑫源通讯、大众浴池、好旺宾馆、先锋商店、群众厨房、京武商店、富秦烟酒、长城大厦、长城湘源、速怡快印、恒光测绘、黄金汉堡、西夏宾馆、自强文具、辉煌软件、一一精品、金瑞锁业、玥玛锁具、伟业大厦、春安商店、风味小吃、魅典发型、圆梦影屋、方林印务、鸿泰商店、天英服饰、心怡茶坊、聚龙茶庄、友好烟酒、艾意花坊、星月超市、蓝玉发艺、飞越烟酒、安军酒业、军新商店、振兴驾校、夏军商店、爱购便利、唐久便利、川蓝酒家、西安凌达、天鑫汽修、汽车电瓶、鼎恒图文、休闲外贸、鑫隆羊绒、惠美诊所、宝中旅游、创佳广告、伟康商店、竹炭专卖、润雀商店、西北面馆、怡沁饮品、光明眼镜、新兴韩园、玛雅书屋、指爱美甲、百姓厨房、逗点琴行、真人密室、空间设计、飞碟软件、晨光文具、科学书屋、天天文体、专业修脚、都市丽舍、腾马房产、简约良品、智尚会所、富木制衣、凯哥烟酒、乐图唱片、华飞小吃、罗曼展示、博文书店、外婆印象、量子网吧、万通商店、宝岛眼镜、凯瑞美食、凯瑞大厦、拉拉造型、美素佳儿、玖和便利、锦辉汽服、金艺广告、杨记冒菜、山西特产、五金保洁、蜀地卤吧、兴旺商店、上海包子、天顺凉皮、泾阳锅盔、超威电池、多味饼屋、渭南南七、岐山臊面、祥海商店、豫牌大饼、光大旅游、幸福面馆、顺民肉店、秦森商店、东鄂羊绒、启智孕婴、依品衣橱、湖南湘菜、鑫合商店、匠人组合、互动发艺、元顺茶庄、酸汤水饺、同一医药、同悦旅馆、武家饺子、华豪酒店、恒祥房产、转角服饰、依依洋服、桃酥大王、皮衣改样、房产中介、佳成驾校、罗兰花艺、世龙世家、家园旅馆、瓦缸小吃、四通大厦、民生家乐、协同医院、凯新茶楼、现代医院、锦尚衣品、天安名品、玫瑰服饰、阿兰曼斯、亚欧制冷、综合缴费、祖传绝活、竹炭制品、飞鹰商店、托福衣店、回收礼品、中纺服饰、外贸衣坊、爱爱玩具、喜欢小店、淘客名品、宏海文具、友谊商店、天欣服饰、便民烟酒、友缘烟酒、路路家饭、岐人奇味、教苑宾馆、湖南土菜、泰尔力图、新特药房、鸿运旅馆、城南宾馆、美添鲜花、顺康客房、小六汤包、十九总店、南国足浴、和平茶叶、利民商店、古树茶业、鼎峰烟酒、三春宝贝、星艺时空、诚信烟酒、光仁医院、德邻酒店、产特烟酒、陕北人家、聚龙宾馆、如家酒店、快照快印、燕洁快照、润生日杂、一家一宝、新民商店、西果超市、辉煌网络、午子绿茶、振兴印务、雪域阳光、雅芝衣舍、骆驼户外、阳光地带、清木茶苑、重庆川菜、盛源泳装、神州钓具、文荣泳装、迪佳钓具、全季酒店、雀友麻将、秋鹿家居、洞天商务、艺华公司、八天酒店、利安社区、雅纤造型、中山婚庆、喜磊商店、幻彩名妆、时尚异族、上海炒货、星晨旅馆、环球宾馆、三秦医院、海友酒店、明腾商店、衮雪酒店、完美发艺、盆派冒菜、砂锅印象、玲玲烟酒、爱尚内秀、魅可家坊、巴弟鸡排、八零九零、米多菜多、老豆达人、西花美甲、名仕眼镜、三和茗茶、真发假发、玛米玛卡、极星户外、冰恋巴黎、巴黎国际、尚品小厨、昕薇发型、达人眼镜、非常食客、鱼我有缘、台北小馆、感享造型、三顾冒菜、男人衣柜、梦幻色彩、鼎泰膳食、王家凉皮、今尚造型、联邦口腔、腾彤商店、艺唐书画、友豪酒店、东海兄弟、崇尚造型、艺唐书话、弘美画廊、褐石画廊、梅香山房、长安画廊、仙朝画廊、海棠画社、千霞万彩、新民街坊、三越画廊、才韵美甲、漂亮精剪、龙达旅馆、晓芹海参、秋水伊人、吕家烩菜、小杨烤肉、曹家蒸碗、小明烤肉、菀书门记、大匠之门、温州艺剪、鑫源大厦、一朵洗衣、斯利旅馆、无名小厨、忆香茶行、腾达装饰、双和快餐、怡妃影像、阿度菜馆、富泰面庄、领食港湾、光华宾馆、东方酒庄、佳迪明珠、乐声音响、天霸音响、雷鸣音响、世纪龙腾、风暴网吧、开心果业、温泉浴池、别样年华、鑫福茗茶、盛新超市、博福超市、莫泰酒店、新城饭店、九九鸭脖、翔羽超市、银顺超市、一圆百货、天资理发、大众发艺、关中客栈、大安宾馆、沙渲造型、韩国秀发、亮点发艺、南方餐厅、靓剪发艺、南方发艺、朝夕超市、家和宾馆、伊诺发艺、士多商店、金豹发艺、泰水书店、创意发型、房产宾馆、岐山面屋、江河大厦、强兴商店、天汉办公、百良办公、飞跃广告、审美造型、英子小吃、烤肉砂锅、永利办公、科彩办公、天宇蔬菜、大荔神泉、申诚印务、忠信丝印、汇佳纸业、采文纸业、通云文具、国丰纸业、西安华龙、鲁宇纸业、金科文具、振涛文具、兰峰商贸、银顺印刷、西府面屋、文魁文具、恒鑫纸业、祥和商店、崇德书店、经典眼镜、美豪酒店、新民餐厅、魔女窝窝、秀丽砂锅、川粤小厨、小罗修鞋、凤香经典、紫度造型、法斑世家、丽人造型、营养快餐、高炉烧饼、浏阳蒸菜、哪哪饰品、万众爱戴、有间精品、亚利炒货、老李修鞋、天诚商店、汉城烧烤、永兴烟酒、鹏发文具、真润烟酒、澳门豆捞、惠仁医院、中国味道、东说网吧、蓝天大厦、三利羊绒、龙翔商店、盛运涮烤、蓝湖网吧、汤米洗衣、华庭宾馆、完美造型、明珠洗浴、鸿远水果、回坊印象、唯友商行、嘉楠工艺、东欣商店、藏宝西纳、心饰小屋、唐龙服饰、顺鑫果源、杭州丝绸、太福茗茶、云雾茗茶、香草美人、小小商店、白涛南糖、扎西德勒、关中宝藏、安家炒菜、各种烧烤、魔术城堡、外贸围巾、红枣庄园、老汤文玩、回文人家、尚品造型、丝绸之家、西北特产、物华天宝、黄山茗茶、飓风宾馆、家世雕核、晓晓烧烤、迪尼烧烤、吉祥宾馆、蓝田玉器、白娃冒菜、平顺旅馆、魔术荟萃、穆家烧鸡、刘家烧鸡、傣妹火锅、林晖宾馆、女娲茗茶、青果摄影、龙能厨具、过道商店、衣品天成、马继小炒、精品服饰、马博烤肉、舟济宾馆、孙家铺子、糜二旺铺、香酥鸡块、刚刚炒货、鸿运当头、指源美甲、万荣元宵、宇华商店、美美健身、老豆冰茶、天都宾馆、银泰百货、聚佳摄影、文苑酒店、顺品酒店、哈根达斯、弘盛酒店、盛奥名品、欧普照明、美丽一生、东尚造型、盛家面皮、马峰小炒、鑫轩服饰、女士焦点、男士焦点、巴谷·伊欣、心琪蛋糕、伊真商店、颖叶商店、文文烤肉、智利商店、燕燕炒米、晓逢肉业、马家小吃、尔卜餐厅、民族特产、军娃涮烤、志远客栈、瑶芳清颜、万家商店、鑫悦旅馆、马文砂锅、福乐面馆、美雅名妆、瞬美衣舍、三针内衣、新凯肉食、东东美妆、马龙快餐、昌盛茶庄、李家面馆、兰宝服装、恒丰宾馆、天姿美妆、金色发艺、邻家便利、丽湾宾馆、邻园宾馆、迪秀毛衫、创意空间、燎原美妆、唯品鸡煲、发丝造型、魅力造型、伯乐兄弟、洁丰干洗、岭上茶庄、工薪发艺、思民粮行、中意装饰、话吧商店、顺心旅馆、小田炒菜、古今面庄、恒泰宾馆、家园宾馆、鸿宇商店、雅庭宾馆、美味餐厅、神州租车、友谊男品、斌斌鞋店、花花精品、宝路商店、娥娥烤肉、千色精品、百圆裤业、金浪洗浴、云端·影画、冯氏取痣、裤库服饰、奔腾家居、秦宝肉业、紫诗锦艺、裕尧商铺、瑞思文印、粮全其美、一佳洗衣、鑫源商店、时尚书店、零食炒货、富贵馄饨、恒友烟酒、大妈水饺、殷勤烤饺、豫青商货、东北人家、腾诚房产、刘记布艺、顺达面屋、湖南米粉、津津餐馆、陶氏餐馆、非常小鱼、自由女神、鑫艺布庄、揽胜房产、巅峰之秀、鑫顺商店、轻松房产、农家菜馆、宏发商店、厚德蜂胶、汉辰茶业、八马茶业、酷酷牛排、好捷酒店、上官茶楼、天津包子、教育宾馆、海岛渔具、丰田造型、普罗超市、华瑞医药、双星专卖、名洞造型、大华眼镜、梦的衣裳、毛毛凉皮、中西快餐、天地网络、晶顿酒店、鸿运烟酒、陕南茶庄、金桥鞋店、乐谊舞厅、柯达影像、精品鞋店、临桥商店、博学商贸、鑫雨美发、鑫雨服饰、宏豆商店、外贸袜业、李峰造型、同福烟酒、华盛鲜花、薇薇服饰、福泽茶庄、小严面馆、王记川菜、民族齿科、梦祥编织、悦家房屋、桥源汤包、富豪服饰、圆梦婚庆、宇通客车、飞鹿酒店、天意婚庆、瑞临超市、春辉网络、润禾茶行、米脂婆姨、津港汽贸、宝隆烟酒、鑫鑫烟酒、宝华酒家、海格客车、厦门金龙、千惠超市、好来印务、瑞鹏广告、聚瑞衣库、祥云宾馆、衬月衣年、小家碧玉、潮流发艺、伊人服饰、川湘人家、刘家砂锅、全科医疗、庆惠商店、汇泉洗浴、小峰造型、奇趣网络、万龙百货、阿进面馆、南国名剪、来利砂锅、广发商店、鸿运鱼庄、衣原服饰、太郎寿司、云杰洗衣、新刑老店、乐乐文具、康健诊所、米澜造型、小龙文体、家赫便利、户县软面、和味寿司、龙祥商店、龙首纸品、龙小奶站、佳佳面馆、家兴便利、福盛名茶、蜜蜂网络、榆林小厨、澜尚商贸、柏盛房产、陕冠中金、高峰商店、蓝湖商店、熊猫甜品、祯的良品、文源宾馆、毛记冒菜、鑫丰投资、靓丽佳人、茗韵茶艺、鑫源家电、渔美菜香、盛源果业、川湘香厨、至尚烟酒、元祖食品、长龙茶业、亚洲食府、美的空调、商务宾馆、百姓酒舍、世纪烟酒、白水苹果、衣香丽影、全天便利、高野洗衣、外贸服饰、真皮名鞋、超众旅游、大洋超市、波士丹顿、素珍商店、西华商店、海通证券、蓝翔宾馆、九龙造型、英子服饰、焦点服饰、雪儿服饰、非常时光、得意面馆、川渝饭店、唐朝发型、绝味鸭脖、兆涵烟酒、博远摄影、祥菊砂锅、欣奕除疤、文道书店、友谊宾馆、蜀寓宾馆、渭河宾馆、欣欣商店、兴国商店、依依服饰、飘飘洋服、彭氏食品、环桥宾馆、百福烤鸭、锦江之星、华瑞宾馆、梦飞网络、神州烟酒、精益修脚、金典摄影、龙阳门业、步阳门业、声威音响、鸿声音响、德隆音响、扬州浴足、东来商店、虫虫通讯、优雅旅社、尚源烟酒、逸美发飘、海洋饰界、完美饰界、明仁烟酒、星星之屋、心花朵朵、雄越酒店、华都超市、京兆药房、华西超市、内江鱼庄、涛涛商店、咱家饺子、兰丽内衣、非凡饰界、红日厨卫、中大鳄鱼、国美电器、恒兴商店、美杰咖啡、忧英教育、学大教育、蜂星电讯、娇莹内衣、培民商店、顺畅通讯、铁板鱿鱼、牛肉米粉、羊肉泡馍、松云茶庄、云雾茶行、天茗茶庄、富硒茶行、广福茶行、链家地产、玛雅房屋、源兴房屋、鼎盛房产、意诚房产、鸿星尔克、皮尔卡丹、潮流前线、城市心情、新鞋来潮、衣衣布舍、衫国演义、胖子烤肉、速美印务、通达广告、快捷印刷、步云鞋业、迈驰鞋业、紫云茶行、清峰茶行、龙井茶行、防腐保温、钟楼饭店、海澜之家、八里旅社、便民旅社、安洁宾馆、百家宾馆、彩虹宾馆、大唐宾馆、奥都酒店、布丁酒店、宝兴饭店、北城饭店、春记美发、塑美造型、空灵造型、完初造型、爱尚造型、阿龙造型、潮点网咖、啪啪网咖、佐客网咖、虎猫网咖、北战网咖、绿树网咖、天地桌游、逸趣桌游、雅酷动漫、万合动漫、悦翔游艺、尚居地产、魏家便利、完美沙龙、国尊会所、窗帘世界、布艺世界、个人空间、安琪西点、大街小巷、左脚右脚、尚东尚西、匙舞飞扬、雕刻时光、畅游全科、一展印象、膜法传奇、叽叽喳喳、满意鞋城、王府美食、北京烤鸭、油炸汤圆、生氽丸子、酸菜米线、布衣布舍、衣衣不舍、韩国维纳、世纪丽人、恒益养生、日升房产、兴麟房产、胖妞饺子、秦人面屋、麻辣干锅、韵达快递、闽香茶业、日本料理、韩国烧烤、秦风旅社、唐豪酒楼、皇冠金店、永和豆浆、和美商行、天和衣饰、和嘉中介、惜缘茶苑、添福鱼庄、顺祥烟酒、永宁商店、腾达商店、好旺世家、元宝饺子、一诺面庄、姚家面馆、百姓人家、春晖商店、红娃烤肉、鑫鑫百货、从头做起、美味快餐、小芳快餐、超级女生、流行前线、时尚焦点、摩登时代

五音节（840个）：

城墙根咖啡、观景大红袍、面辣子酒楼、四海馨画框、马景相书法、安徽宣纸行、长安书画轩、盛墨居书画、龙旗宣纸行、居安详画廊、汉唐油画廊、润德和田玉、唐艺书画社、佳宝晟画廊、长安第一籽、宝来聚书苑、华仁书画苑、龙源剪纸社、明星四宝堂、毛庐艺术馆、铂宫卡地亚、南大街茶城、家和大菜馆、八方来烟酒、三姐妹饺子、仁人乐商店、来润五金店、家得利超市、姐妹饺子馆、安居粮油店、兴龙斋书画、杨氏擀面皮、永佳岐山面、溢香园茶庄、丘比特圈套、鱼吻养生馆、新感觉服饰、东北人烤肉、九龙塘甜品、指尚工作室、粉阁美甲吧、海豚湾美甲、腾哥儿服饰、尚品名包坊、吸引力驿站、天元机修部、聚元招待所、刘刚热米皮、大毛头造型、鸿运招待所、庆平烟酒茶、秦豫肉夹馍、海荣锅贴馆、古艺轩木艺、宝鸡擀面皮、岐山臊子面、

宇阳文具店、祥和招待所、西府削筋面、香百合花坊、十字绣手艺、自由彩广告、天月宫茶秀、上和源茗茶、大田医药店、飞鹰单车行、玺运珠宝城、鑫九隆担保、福佳村西点、潘记小笼包、老百姓果业、手工菠菜面、好旺角食府、添点书画社、肉丸胡辣汤、如意干洗店、彩虹糖礼品、户县百家面、奥托便利店、如意邻食店、二姐妹靓饭、老友记酒吧、禅静茶艺馆、袁记肉夹馍、广府靓汤店、西农大宾馆、老城招待所、八缘风奶茶、和嘉屋中介、县门屋中介、张凤玲诊所、秦安招待所、欧尚追艺店、长安青铜器、蜀秀宣纸阁、博远青铜器、鼎艺剪纸社、皓月宫画苑、赵瑞安画斋、安徽四宝堂、蓝宝阁玉石、太平洋咖啡、德亿新丝路、鑫富通投资、福帆百草堂、我佳衣服饰、袁记串串香、天津小笼包、伟信大药房、波特艺术团、舍之得茶馆、温馨港客栈、梦源招待所、同悦岐山面、九万家宾馆、御蒸养生馆、吉祥便利店、二一二奶站、营养加油站、珍爱十字绣、熊津化妆品、香梅织衣纺、御品香炒货、永昌研究部、宏富达搬家、紫燕百味鸡、华仔时装店、祥旺烟酒店、乔治萨兰奇、龙诺生活馆、高升装潢部、脚病医疗室、转角遇到爱、秋彩烟酒店、逍遥梦服饰、筑巢鸟家纺、柴氏养生堂、五金杂货店、海之恋婚庆、唐朝单车社、运动兔体育、球拍大世界、广德堂书画、速蝶电动车、广发工作室、好朋友商店、好兄弟烧烤、易瑞祥泡馍、童家小卖部、军城小吃城、阳光果天香、仙客来宾馆、鑫沐烟酒店、宜品生活馆、动感发艺轩、孙小姐美甲、大伟葫芦头、老胡同烤鸭、好运达茶苑、福盛轩足浴、中华牛肉面、三姐妹靓饭、品牌折扣店、蓝丝羽家纺、毛记

附录三 21世纪以来的西安店名（共计5282个）

最最香、扶风一口香、铁锅巴米饭、亚马逊户外、川湘缘鱼庄、川厨川菜馆、杨凌蘸水面、平价大排档、超凡屋公司、黄金佳金店、小张烤肉店、大老碗面庄、桃资妍名妆、蓉都私房菜、宝视达眼镜、百穗香面庄、淘宝手机店、金牌冒菜坊、来一杯奶茶、渭南大包子、复兴大药房、龙盛大药房、亿客隆鞋服、啪啪啦饰品、天津灌汤包、王家饺子馆、砂锅小笼包、金帝招待所、宾悦招待所、步步高鞋服、小文岐山面、湖南土菜馆、老三水果行、乐家佳超市、一元小火锅、紫雨轩网吧、味多美食品、康雁星泡馍、迎春招待所、天府酸菜鱼、快乐星期天、阿斯顿英语、惠罡大药房、老安家泡馍、吉祥小吃城、重庆茶火锅、川老冒冒菜、茗壶春茶苑、红红刀削面、王大妈水饺、易灵芝饰品、北稍门元宵、到家尝饭庄、果栗香炒货、联鑫屋中介、法国老人头、陕南擀面皮、喜来乐面馆、小企鹅洗衣、面面居面庄、润香饺子馆、特色削筋面、牛羊肉鲜汤、肉丁胡辣汤、拉条子扯面、朱老四扯面、杭州小笼包、武汉热干面、小蚂蚁网吧、鸿浮招待所、帝意律师所、胖哥鲜鱼庄、伟天律师所、飞飞牛肉面、康泉大药房、豫香肉夹馍、乐居便利店、金旺修理铺、利民车辆厂、重庆小火锅、轴承三角带、川竹签烤肉、荣苑陕菜馆、香巴岛鱼庄、亲亲鲜鱼坊、回春大药房、饮料配送部、京味涮肉坊、养发护发吧、诚隆卷闸门、大众理发店、清心饺子馆、晨露洗衣店、依莱服饰店、永宏装饰部、宇发装饰部、洁新干洗店、新视听碟吧、鸡汤刀削面、岐山手工面、芳芳服装店、解家胡辣汤、手工擀面条、向荣烟酒店、兰州电烤饼、干鲜水果店、舒美服装店、华永蔬菜店、老陈蔬菜店、香利来蛋糕、张彩云诊所、向荣岐山面、四季鲜果店、澳华擀面皮、刘家小吃店、葫芦头泡馍、天添福超市、王记羊杂汤、皇中百岁鱼、优狐电动车、王派电动车、欧鹤电动车、新疆大盘鸡、水果礼品店、心情好鞋业、腊牛肉夹馍、建基泡夹馍、炫味食味店、崔家凉皮店、君君擀面皮、阳光雨超市、红苹果家具、千千结地毯、钟青云诊所、品忆香炒货、营养生活馆、塞拉屋服饰、一品的茶叶、盛堂阁宾馆、大都面食馆、明眸眼镜行、利君大药房、印之友图文、巧梅理发店、张记热凉皮、百货便利店、山城小火锅、建峰棉粮店、浅秋烟酒店、鸳岛面包房、李林霞口腔、同佳大药房、伯鑫便利店、珍爱西饼屋、指南针书屋、思广佳图文、晶鑫源烟酒、利安电超市、三公司奶站、自然香炒货、德茸煎饼屋、嘴嘴香冒菜、德海牛肉面、五金水暖店、哈尔滨红肠、红枫叶广告、智学文具店、重庆川味居、南关葫芦头、珊妮炫时尚、程记米线店、日康达超市、恒兴服装城、和旺美食城、博飞测绘仪、大正汽修厂、织女毛线店、明明冷饮店、麻辣大本营、巨涛烟酒店、精品内衣店、农家一口香、艺欣百花茶、安琪精品屋、燕燕鞋帽店、成惠毛线店、好奇精品屋、岐山擀面皮、浩阳箱包店、别错过服饰、美视达眼镜、老百姓药房、友谊水果店、重庆砂锅王、老重庆鱼庄、天禾客房部、刘记肉夹馍、福建千里香、周记玉顺楼、进口香拉面、尚和招待所、佳美鲜花店、衣品堂洗衣、丝路情烟酒、菲琳美容院、怡悦大药房、凯兴招待所、重庆川菜馆、广济大药房、方记葫芦头、维利特汽车、友谊眼镜行、每廉美超市、济视明目堂、九龙饰品屋、西富快餐店、老院私房菜、康富来丝绸、奈斯发型屋、品都炒货店、道盛小吃店、水果老村庄、江南石锅菜、乐友孕婴童、晨虹塑钢部、陈琼小吃店、热米皮砂锅、鲜之裘饮品、南京小笼包、金牌刀削面、康康水果店、童童水果店、好味道面馆、溢香岐山面、众品冷鲜肉、谢兰调料店、祥和粮油店、安康香豆腐、诚信调料店、领秀梦舒雅、家美家超市、路明岐山面、特别干洗店、舍帕思羊绒、精正福源堂、小蚂蚁网络、友谊小百货、外贸折扣店、京栗香炒坊、旅游百事通、军军擀面皮、雅君改衣坊、正太家常菜、爱心图书馆、国尊西凤酒、欧丹丽服饰、祥康养生馆、美味家常菜、新科元烟酒、金城烟酒店、重庆老碗鱼、岐瑞烙面皮、国力大药房、金麦多馅饼、张军擀面皮、永明岐山面、众品麻辣烫、西安颐蜂堂、华盛治疗仪、华山邮币卡、口口香炒货、鑫源五金店、精修电动车、志达服务社、张二羊肉馆、晓辉擀面皮、华远大药房、盛月楼泡馍、绝味川湘府、隆鑫源担保、汤米便利店、新源岛会所、北京布鞋庄、一品得茶叶、汉水韵茶业、天顺大酒店、龙海大酒店、秦华摄影部、今日郎栗子、亚娃生活馆、妈妈乡冒菜、臻味钵钵鸡、重庆美蛙鱼、王家私房菜、文老根砂锅、浙东海鲜馆、捷尔泰快餐、珍珍烟酒店、太空舱宾馆、永丰岐山面、户县手擀面、袁记小笼包、旺记大排档、秦昌源担保、京唐艺术馆、老陈家烩菜、东新街夜市、名扬烟酒茶、小胡同炒鸡、李记肉夹馍、食上东新街、小品乡凉皮、芍药居旅馆、福奈特洗衣、伊尔莎洗衣、万景少公馆、明乐小吃城、胖装大号鞋、王家桶子鸡、川湘遇餐店、辣面调料店、邵家粮油店、放心鲜面条、中华牛一碗、傅山养生堂、乐业烟酒轩、康鑫园足道、老丁家小吃、春意电气焊、小五牛肉面、嘟嘟咖啡店、小品香凉皮、松奥麻将机、金润博照明、阿肥发扁食、美好摄影部、特好家超市、千百味快餐、达胜招待所、好江南宾馆、大龙擀面皮、秦骊招待所、爱洁干洗店、安心便利店、西北土特产、口口香瓜子、同得利商行、华田胶印机、清润眼镜店、万隆客办公、永丰吉纸业、达昌源纸业、好再来商店、大自然奶茶、得乐托管班、唯佳岐山面、龙兴砂锅店、万家福超市、五星连锁店、手工河洛面、水饺牛肉面、马家饺子馆、泰生大药房、花超饺子面、小美便利店、汉中热凉皮、卫家麻辣烫、天天发商店、城市包天下、鲜奶泡芙王、啃德轩猪蹄、腊肉肉泡馍、丹麦红豆酥、美味福来包、百姓福医药、海佳养车行、紫晨轩茶廊、新超群汽修、爱拉屋面饼、老西安特产、平娃烤肉店、乌家特产店、手工花生酥、臻核轩文玩、馅饼第一家、伊品德茶业、老安家特产、风干牛肉干、盛华书画阁、军军绿豆糕、丁丁土特产、坊上名小吃、宝宝烤肉店、黄桂柿子饼、牛肉饸饹面、三厚土特产、鑫达拍卖行、三德隆饭庄、万顺元客栈、老安家小吃、陕西土特产、神农小土豆、贵妃龙须粮、白胖子油茶、麻乃馄饨馆、百年膏药铺、陕西第一碗、老米家泡馍、强氏玉器行、阿丹牛肉面、贾二泡馍馆、刘家楼炒货、刘家酱牛筋、牛羊杂肝汤、怡苑便利店、丰海轩酒楼、大成青铜器、莉莉大盘鸡、利民副杂店、大亮干货店、伴君楼泡馍、文吉锅贴馆、牛肉胡辣汤、鑫毅德烟行、老安家蒸碗、百盛专卖店、福眯影数码、新世界百货、哥弟专卖店、上海小南国、金虎坨坨馍、咪咪快餐店、米家泡馍馆、诚意手工

附录三　21世纪以来的西安店名（共计5282个）

面、西安改衣王、兴隆粮油店、开心果小屋、古都干洗店、定家小酥肉、莹超批发部、泽润大药房、小贾八宝粥、昱欣麻辣烫、彦彬元宵店、白翔甜食店、伊春藤服饰、老王家羊杂、鑫磊小吃城、盛鑫诚冒菜、老大水果店、益元大药房、志龙饺子馆、心园童装店、婷婷百货店、余氏制衣苑、金狮子餐厅、天天小火锅、白家油膏铺、阿迪立冒菜、宝信佳洋服、益健轩足道、李家小吃部、清真伊顺楼、东辉大药房、安鑫便利店、红埠街商店、丁凡便利店、安琪儿内衣、老郭家面馆、京瓷快印店、建平烤肉坊、毛宇户外贸、汤小强造型、乐利家超市、汉普森英语、利郎专卖店、婴幼生活馆、登喜路烟店、红宝招待所、亚细亚鞋业、阿豹纸品店、后街印象坊、一佳衣服饰、老作坊皮革、布衣刻字店、小竹签烤肉、诚净和蒸饺、立新果品店、老四米皮店、宏祥刻字部、好必发电器、悦己容名妆、秋鹿家居服、弘鑫打印部、莲湖摄影部、自由者户外、满天星花艺、百草堂足疗、星空游艺城、诚和信烟酒、毛衣小世界、瑞星海源楼、汉中热米皮、台湾御品轩、美客甜品屋、时尚人服饰、义典源布鞋、小何凉皮店、特色麻辣烫、嗳尚彩妆吧、善鑫擀面皮、啄木鸟皮具、浦康好女人、声广保健园、宝斯通专营、福满楼鱼庄、台湾大酒店、雪绒花酒家、温馨饺子馆、千百汇商店、圆梦招待所、综合缴费厅、平凉手蒸馍、吉祥招待所、三和便利店、对又来川菜、成都川菜馆、转角便利店、拉菲尔鱼庄、伊鑫糕点店、伊鑫食品店、阳光摄影部、白娃泡馍馆、姐妹热米皮、鲁记菠菜面、都成家常菜、西关葫芦头、万事兴商店、顺风照相馆、真的香瓜籽、多多乐超市、约书亚面馆、藏诺养生堂、天子西凤酒、自由神洗染、三姐妹烟酒、老马家炒货、南京包子馆、太空舱酒店、美高美火锅、苹果体验店、鹿城红蜻蜓、念恩堂港货、西北眼镜行、知福园烤涮、小阿妹米线、王牌骨头锅、个冒个冒菜、孙大夫牙科、二擀子碗面、祥云玉器店、龙首家具城、彩票直销店、北京羽绒服、报警亭商店、阿利茄汁面、紫罗兰花坊、黄焖鸡米饭、仁缘阁茶苑、金海大酒店、金手指文具、彤德莱火锅、生活创意馆、星海复印部、天天大排档、狗娃热米皮、重庆砂锅店、罗师傅鞋艺、兴隆包子店、吴记烟酒店、王家牛肉面、小谭刀削面、诚信水果店、唱丢一只鞋、团结烟酒店、老北京布鞋、罗福记食品、峰力助听器、丽声助听器、贵宾烟酒店、伟铭便利店、老鬼小龙虾、大源态火锅、阿静快餐厅、锦翔炝锅城、金鹏缝纫机、吉川麻将机、牛军肉夹馍、宣和麻将机、睿德居酒楼、特色炝锅鱼、海鲜罐罐面、四川担担面、腊汁肉夹馍、天使精品屋、武夷山超市、大白鲨男装、红树林网吧、福兴隆超市、好运招待所、陇海大酒店、美意专卖店、丽屋西餐厅、华美达酒店、惠看便利店、新杰移动厅、张扬新概念、娇美人服饰、张亮麻辣烫、汉中擀面皮、大拇指鞋业、公园便利店、如意零食店、四季鲜花店、暧尚彩妆吧、自然美补发、好再来美食、时尚生活馆、飞鸿肉夹馍、博丽雅酒店、春风理发店、小梅理发店、雅芳理发店、安馨招待所、安顺招待所、爱家招待所、雅轩生活馆、韩式生活馆、永旺动漫城、新起点游艺、松林便利店、百安居置业、玖润便利店、自由穿书吧、家园大药房、两口咥夹馍、窗帘大世界、鱼吻生活馆、金聚得烤鸭、康帅傅面食、贾三灌汤包、中老年服饰、独一味米皮、皇后大酒店、小皇后酒楼、皇城根茶楼、报喜鸟服饰、福满堂餐馆、荣盛祥饭店、天德伦酒店、安定轩饭店、诚信烟酒行、孔氏布鞋坊、潘家香凉皮、老百姓饭馆、惠友招待所、好就来饭馆、常往来饭店、农家乐面庄、睛喜眼镜行、极限健身房、小肥羊火锅、海底捞火锅、竹园村火锅、老台门包子、丸子三鲜汤

六音节（673个）：

安徽金鹿宣纸、神木圣彩画框、西安书画学会、中国书画大家、伟龙民间工艺、秦俑工艺专卖、文宝斋宣纸行、和嘉商务宾馆、金邦烟酒商店、自在轩动漫城、郭记手工麻什、汤味鲜土豆粉、李南形象公社、巷子口铜火锅、西京医疗美容、秦翡商务酒店、秦唐一号酒店、安居巷熟食坊、川香源家常菜、巴三郎川菜馆、小卫膘子饸饹、天缘数码冲印、温州阿云美发、猫狗宠物会所、纹墨轩刺青处、蕾娜精品服饰、一方麻辣香锅、可口吧饮品店、佬香翁红薯坊、自由穿行书吧、陶街真人公仔、鑫鑫美甲化妆、丽丽时尚包会、魅力肆射鞋屋、福荣烟酒商店、第一印象饮品、川香阁平价菜、奇林艺术画廊、金丰字牌广告、添好鲜花批发、英豪广告装饰、飞宏专业做字、和生祥饺子馆、秦韵戏曲茶吧、爱乐鲜花婚庆、典雅鲜花婚庆、爱米婚纱婚礼、北京优地涮肉、华东商务宾馆、鑫艺广告装饰、恒利广告装饰、晨阳广告制作、易居快捷酒店、智冠专业内衣、港式珍珠奶茶、满堂红烟酒店、美高文具精品、美发爱尚造型、南泥湾香菇面、红昌烟酒商行、湘秦营养快餐、渭南时辰包子、多又鲜蔬菜店、瑞达烟酒超市、东仓门熟食店、坊上马三烤肉、张一玲麻辣烫、土

锅老灶餐厅、邓记要德鱼乡、秦华劳保用品、科成账表文具、艳丽百货商店、欣欣羊绒编织、弈学园少儿棋、原色银泊圣地、西玩电子竞技、南京小笼汤包、知心鲜花水果、馋嘴休闲食品、康正盲人按摩、经纬羊绒服饰、生态家纺世界、辰康医药超市、梁莉女士养生、祥云烟酒商店、普济堂大药房、秋林吉祥商厦、比格自助比萨、雅娜艺术学校、天星文具账表、韩村锅盖烧烤、世家快捷旅店、高洋百货超市、津成电线电缆、天融化学试剂、奥美化学试剂、丝咪达韩妆城、正道中医推拿、昕艾靓丽饰品、天使百货商店、安溪珊源茶业、有帮汽车租赁、绿洲高质洗衣、晗晗日用百货、凤斌烟酒商店、泽林百货日化、如意百货日化、正大食品批发、福康盲人按摩、依品时尚女装、同兴文化用品、精品内衣大全、至尊烫染沙龙、男装护膝批发、河莲日杂商行、星展网络会馆、鸿腾日用百货、诚捷图文快印、一兵户外休闲、店祥食品商行、炫客族淘衣吧、同福堂毛线庄、通和日化专卖、康力米奴牛仔、锦鸿办公用品、中央空调配件、百城教育书店、科佳图文快印、留歌烟酒商店、惠好医药超市、阿伟美发沙龙、莉媛美容美体、怡康医药连锁、大年初一面馆、竹韵生态纺织、黑土情酱骨庄、洁味佳家常菜、美包琪香薰坊、华展办公用品、云南过桥米线、叮叮香煎饼屋、易发堂养发馆、面对面岐山面、卡丁儿童鞋服、娇莉芙萃颜坊、栗红强皇冠店、杨杰形象设计、恒泰烟酒商行、利康办公用品、豪顿眼镜商行、大地数字影像、老西安肉夹馍、创新电子科技、楠楠重庆小吃、老四川砂锅店、湖南实惠快餐、城南书招待所、展龙经典发艺、祥和五金日杂、百顺特色小吃、陕南特色凉皮、宏达粮油酒水、海星摄影印刷、酷宝户外休闲、玲珑烟酒商店、斑点狗宠物园、嘉汇汉唐书城、仁和会计教育、安洁快捷酒店、驭翔汽车服务、尚客快捷酒店、康健医药超市、李南国际造型、老百姓大药房、万和源炝锅鱼、秘汁干锅烤鱼、领航会计培训、张家凉皮砂锅、豪仔外贸童装、东信医药超市、重庆鲜面粮油、瀚轩居川菜馆、宜人秀生活馆、金顺数码摄影、米兰春天婚纱、卫军名烟名酒、秦镇大米面皮、泾阳风味小吃、彩印标牌市场、志高标牌广告、温州旺达印务、温州龙翔工艺、西安腾飞广告、超英养生会所、北京老铺烤鸭、天运汽车租赁、福怡台湾上品、好客商务酒店、陕西巨鹏厨具、鑫通钣金通风、力天五金日杂、鑫兴钣金工程、阳光龙泉浴池、西安为民车行、三元精品炉具、天豪发型机构、长茂百货商店、零点发型设计、胜庆日杂商店、杨氏皮具护理、泾阳菠菜面屋、梦航水果超市、美味冷饮批发、宁夏煤直销点、楠楠百货商店、温雅休闲保健、向荣爱心宠物、大众温泉浴池、香品园饺子馆、牛羊肉烩饼馆、缘居房屋中介、吴记香辣冒菜、向荣居招待所、平衡补胎修理、隆盛苑川鱼庄、阳光国际洗衣、嘉世德产置业、佳兴农家面条、西瑞放心面条、芳芳日杂商店、老北京蛋糕城、老张手工面馆、西安鑫宇车行、西安众发车行、靓晶晶音乐吧、斯利商务酒店、美和公寓酒店、柏线饮料商店、盲人康复按摩、馨梦聚礼品店、自强盲人按摩、金鑫百货商店、同和医药商店、添金老味砂锅、春富源饺子馆、安琳甲艺名妆、韩国李勋沙龙、富明百货商店、丰产烟酒商行、有木有便利店、角度图文快印、唐豪商务酒店、友谊烟酒商店、建筑铁路书店、靓姐妹服装店、恒诺烟酒商行、祥安商务酒店、路易商务酒店、乌王止发生发、陕西特美食府、张记学友凉皮、金友水果超市、沙县特色小吃、皮皮仔馅饼粥、江西瓦罐煨汤、高手家电维修、家政职业介绍、志成图文快印、西门子助听器、斯达克助听器、振丰便利超市、东泰城市之光、众信医药超市、云豪过桥米线、澄城水盆羊肉、西安金鼎书店、四季秀精品屋、大唐锦城酒店、西安地矿宾馆、国明医药超市、恒兴文艺广场、万达商务酒店、明港快捷酒店、有名堂砂锅王、邢老三胡辣汤、韩国香酥大饼、利安社区超市、小憩驿站酒店、天域商务酒店、雅居公寓酒店、鑫会会计商店、新世纪靓鞋行、西府手工面馆、添鑫美发沙龙、美发一剪钟情、测绘路招待所、老肖家肉夹馍、金马刀鸡汤面、川南竹签烤肉、世纪园鲜花店、昌旺广告快印、舍得迎宾烟酒、格林豪泰酒店、妙香水盆羊肉、秦一碗手擀面、葫芦头泡馍馆、向前汽车音响、亮目视力服务、鼎鑫商务宾馆、视敏弱视近视、九龙海鲜烧烤、西铁双维超市、玖味香煎饼屋、数学培优辅导、糖豆豆便利店、薛记三鲜煮馍、玛格丽特恋饮、理念美容美发、卡福高质干洗、田庄羊肉面馍、佳艺数码影像、柯达影像网络、西安流利英语、民间瓦罐煨汤、江南塑钢门窗、椒太郎烫菜馆、顺达塑钢门窗、银桥奶便利店、思韵外贸服饰、好再来粮油店、成人情趣用品、影帝婚纱摄影、真味香牛肉面、陕安南苑小区、不倒翁摆汤面、天福综合商店、艺新刻章复印、瑞成综合商店、任氏美容美体、五色图文快印、老中医制冷品、春红羊绒编织、黄河宏土特产、邦洁快速干洗、平凡烤肉砂锅、利荣家常炒菜、果果星烟酒店、三江源牛肉面、每一天便利店、长青保健品店、小老三热米皮、春兰电器专卖、傻得冒冒菜馆、国花瓷西凤酒、西安海外旅游、新兴账表文具、盛兴办公文具、荣江国际酒店、西安顺延酒店、老城关肉夹馍、皇城大众浴池、白水杜康专卖、泰瑞医药超市、海之声助听器、振华渔具精品、欣源万家酒店、大锅大灶鱼庄、老潼关肉夹馍、贺斌美容美发、名川佬冒菜坊、塞纳左岸咖啡、应记三鲜煮馍、来又回来冒菜、唯爱婚纱摄影、和兴园排骨饭、智味唐菠菜面、美原精品酒店、撒都有便利店、云南普皇茶庄、和润当代艺术、盛济堂大药房、金色时代公寓、千睿造型名府、美利达自行车、飞碟游艺广场、名都烟酒商店、小红酒类批发、胖小李小火锅、伊心斋泡馍馆、建国巷清真寺、梦捷百货商店、章华养发中心、半边楼葫芦头、足浴知足常乐、田园本位湘菜、红云房屋中介、众帮饮料批发、高质干洗衣店、鑫隆铝塑装饰、名洋发型会所、鑫忆品香炒货、百度花艺婚庆、喜多儿童摄影、博声音响地带、智翔灯光音响、通利灯光音响、小厨香饺子馆、高记西府面馆、大富豪浴足苑、光明文教用品、解放购物超市、权健秘方火疗、桃李园特种纸、甘谷敦煌油墨、陕西国润公司、坤宁母婴会所、祺露利华超市、南院门葫芦头、旺发五金日杂、明达广告印务、奥迪康助听器、欣苑重庆小吃、白雅广告装饰、大胡子烤肉店、轻机汽车服务、好姐妹鲜菜店、台湾鲜奶泡芙、世纪星图网络、凤岭宝贝服饰、回坊印象饭庄、老米家泡馍馆、一兮利小吃城、红红酸菜炒米、老孙家泡馍馆、丽顺烟酒商店、西羊市小宾馆、西班牙拉丁果、巴郎手工部落、老孙家土特产、桥梓口贾永信、老刘家biang biang面、贾三腊牛羊肉、老李家面、清真油茶麻花、花园文玩核桃、西湖龙井专卖、天赐楼土特产、马存林土特产、白胖子炒货行、马老虎烤全羊、六信斋小火锅、老米家土特产、典盛堂大药房、珍果源干果行、老糜家土特产、老乌家泡馍馆、满堂香干果店、许氏文玩核桃、刘家楼柿子饼、贾家青干果店、美加美发造型、曼迪美发沙龙、枫丹白露摄影、国铭花园酒店、新疆家乡美食、苏家传统糕点、马钰牛羊肉店、开里穆烧烤店、老安家到口酥、小杨木炭烧鸡、宁夏麻乃烤馍、定家牛杂专卖、新亮饺子面馆、老徐家柿子饼、艾咪尼包子铺、好再来炒货行、鑫诚麻辣冒菜、巨鹰陕西特产、秦道商务酒店、五环体育精品、真维斯专卖店、外婆家卤肉卷、新中华蜂蜜园、兰州筋筋凉皮、图图儿童用品、马成英语教育、转角女装前沿、麦兜精品皮具、时尚巴谷男饰、文谦砂锅烤肉、中草集化妆品、热扎进口食品、马博饺子面馆、米家小炒泡馍、玮玮时尚童装、速购便利超市、清真马家泡馍、老何家饺子面、韩国美发沙龙、尚典布艺窗帘、好心情小宾馆、学龙百货超市、起伟烟酒商店、小院烧烤火锅、秦富粮油商行、前程电脑维修、王氏推拿按摩、平价鞋服特卖、威尼图文快印、琴辉水果便利、跃君烟酒商店、乐乐童装玩具、湖南农家饭馆、天津小笼汤包、英姿形象设计、情芬兰内衣店、凯帝斯曼酒店、中心戴斯酒店、世纪山水酒店、凯德鑫珠宝城、兴达综合商店、伊清香牛肉面、超越园饺子面、伊真民族商行、喜洋洋婴童坊、尚品服饰沙龙、银银服装布店、专业修脚足疗、秦华养生会所、口口香福来包、永兴学生用具、老马家黄新刚、如意面砂锅店、重庆小碟饭庄、老上海蛋糕房、瑞丽形象设计、马明仁膏药铺、风情数码影像、东北大馅水饺、皇冠烟酒商行、孙思邈大药房、六丰名烟名酒、亚麻专卖车垫、德泰楼陕菜馆、精品烟酒商行、五粮液旗舰店、精益配镜中心、陕西德众汽贸、阳澄湖大闸蟹、北京孔氏布鞋、车臣汽车服务、含光君悦酒店、立富渭南蒸饺、山西油酥麻花、小周臊子面馆、鑫雨婚庆鲜花、福月百货商店、陕味三鲜煮馍、一碗香牛肉面、东升烟酒商店、秦食陕西特产、卡菲尔西餐厅、君诚国际酒店、亿祥烟酒商行、万恒商务酒店、好家园招待所、老五小炒泡馍、溪海微利商店、零嘴健康零食、德福堂大药房、广鑫斋卤鸡店、老城印象餐厅、南七臊子饸饹、秦镇王家米皮、刘伟家川菜馆、金旺东北水饺、康贝宠物医院、溢香屋酸辣粉、巴爷香辣鸡煲、巧姐过桥米线、田老大葫芦头、麦芝香西饼屋、福建沙县小吃、秦镇小石凉皮、欣鲜乳品冷饮、香掉牙千层饼、老祥黄金加工、浙海快捷酒店、意尔康专卖店、望园商务宾馆、国华西府面馆、西安商务宾馆、好姐妹内衣店、国力仁和川菜、老西安土特产、皇城海航酒店、联通沃营业厅、静美阁美容院、新婷健康空间、天龙·圣诺服饰、锦泰亨锅蒸馍、特百惠专卖店、松林连锁超市、外贸凹平价店、战友啤酒广场、小勇水盆羊肉、瑞声达助听器、鲜花辉辉商店、正源堂膏药铺、怡康医药超市、达芙妮专卖店、周记水饺扯面、科逸连锁酒店、蝎土府羊蝎子、洋河蓝色经典、先驱音响灯光、天龙音响工程、迪高灯光音响、精品涮锅火锅、华威宝鸡面馆、五金水暖电料、兴隆刀削面馆、七匹狼专卖店、陇海净和川菜、民幸精品酒店、户县手擀软面、罗丽丝专卖店、卓诗尼专卖店、港式国花夜茶、小老三熟米皮、烟酒君和饮料、腊汁肉揪面片、鼓楼民族服饰、小卫臊子饸饹、阿曼美容美体、极速部落网咖、黑匣子桌游吧、优尼美发沙龙、国花美发沙龙、绝色美甲沙龙、子培形象沙龙、潮人形象会所、曼森形象公社、英伦形象公社、王磊形象公社、唯爱美工作室、千里香馄饨铺、西北国际茶城、纤美美体中心、一分利小吃城、好再来火锅城、时尚服饰中心、王子国孙酒店、天子海鲜酒楼、兰州牛肉拉面、童画儿童摄影、白鹿原猪蹄坊、大雁塔烟酒店、汉唐假日酒店、永宁宫大酒店、博通吉庆酒店、锦蓉福邸酒楼、蒸蒸日上饭馆、一是一饺子馆、王记大米面皮、光明议价粮油、好家庭大厨房、马响仁膏药铺、绝对人气摄影、西市老街味道、高分子免漆板、外墙保温建材、老童家牛羊肉

七音节（354个）：

杰诺比利时酒吧、草莓屁股生活馆、墨逸轩书法培训、步云天百货商店、汉唐原创油画廊、时尚阳光动漫城、汉中刘老三凉皮、成都平价川菜馆、福湘湖南土菜馆、桥头面烟酒商店、海洋饮料经销部、汤姆熊欢乐世界、红森林宠物会所、奥斯卡国际影城、哈根达斯冰淇淋、童年食客零食店、滨河聚益源烟酒、恒信五金化工店、朱记铁蛋葫芦头、玛奇朵婚纱摄影、康印糖尿病食品、老朱家传统蒸饺、顺达数码摄像馆、恒宇欣百货商店、老台门精作鲜包、蓝月亮快捷旅馆、绿叶广式烧腊馆、广东味之朗私菜、万家润生活超市、吉安锁具联销处、老七板栗大盘鸡、小博士办公用品、绝味砂锅香嘴面、集丽舫美容美体、奥星文具百货店、康麦德蛋糕面包、雀友全自动麻将、圣弗莱都市户外、小调皮特价童

装、丝路情卷烟零售、鑫源宝贝烟酒店、皇森经络养生馆、汤氏永品便利店、军誉箱包精品店、陕西特产批发部、吉祥童车玩具店、汗马户外休闲网、大发食品批发部、焕发食品批发部、美天发形象设计、雪猫百货批发部、金达食品批发部、安心居地产中介、汝意食品批发部、鑫超百货批发部、丽尊家居生活馆、西安百宝园商贸、海娜植物染养发、青春魔术情侣杯、新概念办公文具、金南山绿色墓园、小侯脚病修治所、大地蔬菜水果店、上海鸡汁灌汤包、山东卤味香炒货、坊上人清真饭庄、丁丁香冒菜香锅、伊人坊美容美体、粮全其美手抓饼、童娥娥口腔诊所、茶桔便创意饮品、小马手机维修部、豆汁道现磨豆浆、宫廷四季保健粥、内蒙肥羊小火锅、尚酷品牌折扣店、小天地川湘酒楼、飞尚专业烫染社、张小梅美容养生、小两口汉中鱼庄、聚智堂名师教育、刘老三凉皮砂锅、陕西丰阳招待所、香飘飘鸭肉夹馍、福建千里香馄饨、杨翔豆皮涮牛肚、情唐湾渭北餐厅、东关吉祥肉夹馍、佳欣鑫便民超市、民兴钣金工程部、鑫源钣金工程部、耐火材料门市部、王小宏百货商店、气焊综合维修部、德祥民百货商店、向荣荣百货商店、鑫益特种装饰部、信誉塑钢装饰部、小肥牛自助火锅、锦上家园屋中介、兴源五金土杂店、秦影饮料批发部、兴隆德百货商店、小童蛋蔬菜超市、西府农家削筋面、小徐蔬菜副食店、伊清香牛肉拉面、信义钣金工程部、华欧锁具经销处、格陵兰酒店连锁、清大德人礼品店、胖子烧烤砂锅店、金马鸡汤刀削面、鲜花水果礼品店、食全食美面点王、星钻桌球俱乐部、怡悦足浴休闲屋、阑特足浴休闲屋、马记精品牛肉面、神禾墓园办事处、喜喜花果礼品店、拓普康测绘仪器、靓点美发工作室、红玫瑰精品服饰、永红岐山臊子面、博爱济民大药房、李家村购物中心、香香牙千层酥饼、天津小笼灌汤包、汉中潘家凉皮店、小董精修皮鞋店、众合房地产中介、高记腊汁肉夹馍、重庆鸡汤砂锅面、岐山手工臊子面、炫丽发型工作屋、特路普汽车养护、丽隆汽配维修部、王记腊汁肉夹馍、永安汽车维修部、九龙海天美食苑、馨妍美容养生馆、铁蛋鸡汤刀削面、西安幸福大药房、桃园岐山凉皮店、寿尔康医药超市、顺发塑钢加工部、乌代牛羊肉饼店、好必发安全插座、毛毛腊牛肉加馍、花雨轩美容美体、热风外贸成衣行、永乐盛烟酒商店、金正大韩足浴城、东方天天修车铺、邓万安定制衣坊、鲜花礼品水果店、樊家腊汁牛肉面、奥罗国际大酒店、西安市青少年宫、指南针商务酒店、漂亮女人美容院、科盛商贸服务部、瑞德脚病修治所、华亚视光研究所、豪享来中西餐厅、藏红花冬虫夏草、加利利连锁酒店、老薛家秦镇米皮、潘多拉婚纱摄影、醉意境功夫茶铺、汉釜宫韩式烧烤、雅莹时尚生活馆、沁湘源湖南土菜、老杨家牛肉商店、咱家东北乡村锅、周辣老杜火锅店、欧亚烟酒食品店、当当科技经贸部、飞扬美发工作室、奥龙高端麻将机、松乐高端麻将机、个个鲜水果超市、国仕超级麻将机、意和煦广告装饰、陇海净和饺子馆、马虎面馆欢迎您、怡雅轩美颜美体、老三腊汁肉夹馍、油茶麻花粉蒸肉、熙菁苑翡翠商行、老金家麻酱凉皮、白老八陕西特产、回坊人家土特产、孙家肉丸胡辣汤、老马家手工麦面、老白家特色小吃、小孙铝锅专营店、马伟腊牛羊肉店、老白家传统南糖、通惠酸梅粉专卖、爽欣日化三分店、老安家红娃炒货、老安家传统糕点、香雪儿专业美发、伊昧香暴烤鸡鸭、宏顺祥卤汁凉粉、阿拉伯八宝稀饭、建中西北特产店、喜多屋海鲜自助、广济综合便利店、靓宝贝时尚精品、索菲亚时尚女装、志望麻酱凉皮铺、伊唯美特色炒菜、长安厨具五金店、老彭家干锅涮菜、伊君斋特色干锅、同义诚酱肉专卖、老乌家特色小炒、伊仆拉麻辣涮菜、马家粉蒸肉馄饨、博客来中西餐厅、诚信铁艺装饰部、马家锅盔馍专营、外贸棉品专营店、高家专业修脚堂、李志贤灌汤包子、威豪百货便利店、馨馨百货便利店、小木马童装专卖、老白家酸汤水饺、福旺达烟酒茶行、马洪小炒泡馍馆、牛肉拉面盖浇饭、馨磊酱肉专卖店、程家客来香面皮、兴利五金杂货店、秋盛日用品商店、学生贴心服务社、老胡家腊汁肉店、辣子刘调料总店、老惠家脱骨烧鸡、大房子童装集合、西安利民三轮车、礼服呢鞋专卖店、雪妮芳内衣专卖、杰奎琳内衣专卖、正宗开封桶子鸡、国华湖南土菜馆、雅宁美容养生馆、迈德斯烤鸡汉堡、乐旗富贵香菇鸡、品香阁水盆羊肉、老家头排骨米饭、陶瓷电料杂品店、金标百货便利店、海洋渔具便利店、老成都特色川菜、傻得冒冒菜香锅、三枪时尚生活馆、黛仙妮内衣专卖、碧海湾足浴按摩、亚当夏娃情趣坊、健明鲜鱼村火锅、西厦本田发电机、嘉莉诗内衣专卖、好帮手特色饺子、英子创意工作室、武汉名吃热干面、川渝王砂锅冒菜、新感觉性福城堡、西安农产品超市、名品箱包折扣店、天朗时代大酒店、休闲苑足浴按摩、百花茶西安总店、马记牛肉面大王、万和壁挂炉专卖、百依坊服装超市、品牌内衣折扣店、交大能源太阳能、雪莲砂锅麻辣粉、金鑫数码摄影部、新光明专业发型、小眼睛美妆造型、品牌内衣淘宝店、鑫荣祥自助火锅、好再来营养快餐、琴发五金便民店、大脚丫专业足疗、都来涮京味火锅、江镇燕功夫包子、慧丰电动车维修、衣净界健康洗衣、陕西特产旗舰店、王牌自助活鱼锅、小小秦镇凉皮屋、沁味居三鲜煮馍、景德镇精品陶瓷、步步高鞋服超市、迪克酒吧茶餐厅、新联盟英语培训、三星手机体验店、欣浩园炒货商店、天明岐山铡面馆、名将狮子王美发、本香高品质肉食、温州骨里香熟食、永明岐山臊子面、古城车辆经销处、亚当夏娃情趣屋、景韵美容养生馆、健康岛美容养生、幸福有约生活馆、桑乐健康生活馆、丽之秀美容美体、一行一宿桌游吧、水木轩私人会所、中田健身工作室、丝舍美发工作室、完美发艺工作室、精美饰品大世界、骨里香八珍烤鸡、安然纳米汗蒸馆、中医理疗养生馆、易圣百草养生堂、兴隆五金土产店、钟鼓楼戏装乐器、大唐芙蓉园酒店、金玉满堂贵宾楼、樊记腊汁肉夹馍、金陵陈记小笼包、光明巷蔬菜市场、雷记鸡汤刀削面、惠康蜂产品商行、一鹤飞羊绒精品、格林儿童生活馆、高山养生苦荞茶、格力电器专卖店、游园烟酒便利店、新合作水果超市、汉室刘老三凉皮、美的空调旗舰店、绿色火锅我喜欢、老诚一锅羊蝎子、青海穆斯林餐馆、蒙娜丽莎专卖店、新动态国际英语、和平腊汁肉夹馍、西安新世纪药店、吉的堡少儿英语、兄弟风味小吃城、建辉湖南土菜馆

八音节（194个）：

腰斩刺青主题酒吧、巧手手鸡汤刀削面、巴贝拉意式西

餐厅、豪客天食风尚餐厅、乐芙贝尔泡芙工坊、悄悄话手工巧克力、天天向上电子数码、福建千里香馄饨王、正宗南七臊子饸饹、永春肉丁胡辣汤店、幸福小厨概念餐厅、力天专业字牌广告、拓威标识展示工程、重庆一绝鸡汤砂锅、骨里香八珍烧烤店、兄弟联肉丸胡辣汤、老爸家牛羊肉泡馍、塑钢铝合金工程部、艺姿剪烫染专业店、西安兴盛水产商行、老车家牛羊肉泡馍、东亚西文剑桥英语、卡波树童装吉祥店、雁塔文化辅导学校、姬妍美汗蒸养生馆、一品轩自助小火锅、河间正宗驴肉火烧、梁燕鞋服强风专卖、机灵鬼宠物门诊部、外贸童装特价会馆、吉祥平价内衣大全、吉祥喜庆用品专卖、徐建辉食品经销部、永久副食百货商行、旺家河食品批发部、华润万家便利超市、满堂红食品批发部、芬芳纸品百货商行、燕子日化百货商行、博发洗涤制品商行、盛田百货文具用品、韩国化妆品专卖店、爱百利摄影工作室、美得佳百货便利店、车道汽车服务中心、艺妍美容美体连锁、雅诗名品品牌折扣、杨铭宇黄焖鸡米饭、天丰外贸休闲服饰、纤竹女子减肥中心、丽雨嘉田美容连锁、韩国李勋美发沙龙、九龙糖港式茶餐厅、帝国烟斗休闲皮鞋、酷美尔特时尚牛仔、卉源珠老北京布鞋、诗意时光美容美体、雅特牛羊肉泡馍馆、清真老字号泡馍馆、云南正宗过桥米线、康益美容美发用品、道至名峰健身会所、温州明富广告工艺、平安工艺广告制作、思博标牌广告制作、西安鼎盛有限公司、喜上喜婚纱婚庆城、荣苑兴百货便利店、永顺通风钣金工程、一把火炉具批发部、西安格泰物流配送、孟师傅正宗裤带面、正宗河南羊肉烩面、古城车辆厂经销处、名品化妆品折扣店、苏一光仪器专卖店、碑林烟酒第一商店、红升图文数码快印、精品鲜花水果超市、刚正腊汁牛肉夹馍、鲜花水果礼品超市、红西瓜精品内衣店、恒兴服饰布艺大楼、小胖烟酒百货商店、王址豪毛线专卖店、好再来营养快餐店、果智邻连锁水果店、秦胜老潼关肉夹馍、陕西蓝鸟培训学校、施工电梯塔吊配件、西安碑林众康门诊、兰州正宗牛肉拉面、创世纪门窗工程部、邢老三腊牛肉夹馍、马光荣腊牛肉加馍、宏发土产杂品商店、爱菊连锁二十四店、中信电器制冷维修、秀雅女子美容美体、北京正阳门烤鸭店、云盛楼牛羊肉泡馍、腾辉交通设施公司、弘发品牌手机商城、惠源锦江国际酒店、朗图时代培训机构、欣源万家商务酒店、正宗兰州牛肉拉面、边城小镇新派湘菜、维罗纳摄影工作室、新时空居家式酒店、三江源冬虫夏草店、每天夏日主题烟酒、九安血压计血糖仪、蓝韵专业音响灯光、解放路净和饺子馆、西七斋牛羊肉泡馍、海星手机配件商店、福建千里香馄饨王、张华老潼关肉夹馍、金银加工回收、胜利青干果炒货店、彭氏脆皮蛋糕专卖、睛洗眼镜平价超市、天官府清真小吃城、铁志坚腊牛羊肉店、军军绿豆糕土特产、中国陕西皮影大全、荣娃牛肉丸子烩菜、故乡人土特产商行、刘纪孝腊牛羊肉店、漂亮妈妈快乐宝宝、苏莱伊手工麻食店、天津东旺斋烧鸡店、一站式水果大卖场、悠仙美地时尚餐厅、老凤祥黄铂金加工、重庆巴爷香辣鸡煲、老刘家肉丸胡辣汤、艾炙王中医养生馆、伊克巴尔第一鞋业、爱家日用百货超市、老铁家腊牛羊肉店、小小向日葵工作室、赛丽美民族用品店、老赫家烧鸡酱牛肉、贾小胖时尚小火锅、武汉一口香珍珠包、味品徕葫芦头火锅、龙尚婚礼庆典会所、老机场重庆跳水鱼、广东绚华红木家具、古都新世界大酒店、冬虫夏草名贵特产、友家汽车服务中心、道德堂健康大家庭、尚品苑精品西饼屋、温州友发海鲜酒楼、依美莎妮内衣连锁、万家乐壁挂炉专卖、海军牛肉块饸饹面、公园壹号营销中心、御容女子养生会所、郑远元专业修脚房、老顾客卤菜凉菜店、美联社烫染专门店、雅菊伊人时尚女装、怡康璞太和中医馆、华远大药房粤珍轩、晓旭综合烟酒商店、美佳醇臻品酒世家、烂漫侬侬婚纱摄影、中国兰州牛肉拉面、特色风味干锅小吃、兰州拉面第二分店、快乐十分中国福彩、老城关腊汁肉夹馍、专业烫染补发中兴、明珠商务休闲会所、华源钢铁有限公司、永发保温防水材料、广州斌利汽车用品、高斌形象设计中心、康乐美美容养生馆、婷婷发廊烫染沙龙、凤栖山南区办事处、老孙家牛羊肉泡馍、天使丽人美容美体、城隍庙小商品批发、西安王子国际酒店、璀璨人生化妆品店、老马家清真牛羊肉、广东味芝朗私房菜、芙蓉兴盛便利超市、王子国际美发沙龙

九音节（84个）：

西域阳光生态葡萄酒、花木马儿童数位摄影、老马家牛羊肉泡馍馆、永禄元葫芦头泡馍馆、蝶动内衣家居折扣店、阿玛尼上海发型会所、丰润建材五金经销站、三只熊经典儿童摄影、罗裳克莱拉婚纱礼服、薄利纸品洗涤用品店、永盛美术品有限公司、东关吉祥腊汁肉夹馍、皇室蒙娜丽莎十字绣、雅韵阁烟酒茶经销部、农婆一分利粮油商店、家泽干菜副食批发部、腾飞日化纸品批发部、鑫隆日化纸品经销部、

兴华洗涤纸品批发部、张建芳日用品经销部、图途户外旅行生活馆、米拉儿童创意美术馆、特一味正宗秦镇米线、星宝宝精致儿童摄影、岐人奇味手工烙面皮、伊尔雅时尚洗衣中心、特色铁板里脊肉夹馍、豪盛时代华城游泳馆、东安中西医结合诊所、默罕迪植物染发养发、全购大家乐自助火锅、山水殡葬用品专卖店、诚信铁铝门窗加工部、鸿鑫电焊钣金工程部、雀友老年人活动中心、数码喷墨全抛釉瓷片、家春秋国际美居中心、侯赛因特色牛肉拉面、韩国风烫染美发沙龙、花之语美容养生会所、集丽舫美容美体连锁、冰恋巴黎畅饮桌游吧、涵美名媛堂养生会所、集美轩美容美体中心、老重庆鸡汤砂锅小吃、伊真楼牛羊肉泡馍馆、西安麒麟汽修服务部、兴隆调料辣面专营店、西安天马国际旅行社、丽源工艺刻字复印部、吉福堡妈咪月子中心、新城夕乐饮料经理部、东滩朝邑人水盆羊肉、西安新城阳光门诊部、塞尔斯手工烘焙工房、袁师傅腊汁牛羊夹馍、东方书画艺术研究院、西安万达希尔顿酒店、老字号稀糊烂腊牛肉、元盛祥正宗羊肉泡馍、哈米德陕西土特产行、贾永信腊牛羊肉专卖、马老虎水盆羊肉羊杂、老米家大雨泡馍总店、陕西春亭特产山货行、王家优质肉丁辣糊汤、天赐楼手撕风干牛肉、雪英妃美容美肤中心、女子专业按摩减肥院、翡冷翠美容美体连锁、西安莲湖周杰华诊所、陕西读来换去读书会、紫水晶汗蒸康复中心、盼盼王力安全防盗门、琪玥牛肉拉面饺子馆、晓晓美容美体养生馆、丽美尔时尚儿童摄影、老两口西安烟酒直销、大众直通车眼镜超市、雄风家电制冷维修部、陕西晶视佳视光中心、方圆钣金通风工程部、甲方乙方美发工作室、

汉中程记凉皮米线店

十音节（27个）：

甜心皇后（亲子装情侣装）、下马陵殡葬用品服务部、铂丽国际婚纱礼服会馆、马宾牛羊肉小炒泡馍馆、祥和居三鲜葫芦头泡馍、西安市千林海纸品批发、爱莉信美容减肥养生馆、蒲公英潮流量贩折扣店、金香村女子专业美发院、风雨二十年程记米线店、老白家龙虾王海鲜炒饭、莎莉威雅服饰形象会所、老榆林大铁锅馄饨羊肉、老米家泡馍西羊市分店、长安老米家传统肉夹馍、宫廷香酥牛肉饼专卖店、辣哥腊汁肉夹馍擀面皮、老白家牛羊肉鲜汤杂肝、完美日用品统一专卖店、娜美儿专业女子养生馆、悍跳狼人杀桌游俱乐部、佛兰雪雅美容瘦身中心、蓝贵专业美容美体中心、漂亮女人专业护肤中心、时尚佳人女子美容会所、百莲凯美容美体生活馆、俊瑛美容美体养生会所

十一音节（10个）：

家居塑料纸品吉祥直销店、西安市中翔洗涤用品商行、格陵兰香蕉个人护理专卖、陕西天锡楼民族餐饮食品、西安贾三清真灌汤包子馆、老铁家清真油膏麻叶丸子、好又美分割鸡水产副食店、丝路情卷烟零售有限公司、三菱重工中央空调体验店、无极限中草药美容养生馆

十二音节（2个）：

西安骏业汽车装潢服务中心、陕西浩达科技手机维修中心

十三音节（3个）：

真之景健康功能型内衣锦上店、老刘家伊味香肉丸胡辣汤专卖、永和塑钢铝合金门窗装饰中心

十五音节（1个）：

西安新城区艺博文化体育用品商行

二　混合语码类店名（共计 250 个）

1. 汉字+英文（109 个）：

夜色 BAR、ShoeBox 鞋柜、达芙妮 DAPHNE、美尚美巢美容 SPA 连锁、FOR YOU 福友、TEEMO 奶茶、LaEIBELLE 日贝尔、LRENDAO 丽人岛、狼之 E 族、BR 冰淇淋、新生代 KTV、rbt 仙踪林、Girl 调调、NANA 大头贴、自由 SHOW、彬 Bin my best love、ilove 爱念族、Mr. 先生、HELLO 迷、AI 尚、COOL 玩酷、SOSO 时尚美、MISS 马的鞋橱、满依 M、依然 AS usual、VANE 风向标、阿 Q 餐厅、爱 TA 米线、I DO 婚纱礼服、复活 PJ 俱乐部、Western food 西餐、Gelin 格林、Wine 酒吧、R 米在线过桥米线、X A 发仔形象设计、淘 GOOD、GRAYMICE 灰鼠、ROMON 罗蒙、QQ 奶茶、ABC 童装、Ese.y 逸阳、MZ 外贸服饰店、Helen 西餐吧、快乐时光 KTV、HIGH 世界、吉祥 E 家电脑科技、Only 格林、MIiQ 潮人社、Shue 裹、佐登妮丝美容 SPA 生活馆、Nolanbell 诺兰贝尔、DARDAER 塔哒儿、BoBi 波比、翰皇 HANOR、ERUNER 伊韵儿、Finelady 漂亮女人、Papa&mama 儿童精致风格时装店、aoe 孕婴童生活馆、QQ 妹、My Dear 艾蝶儿、粉色地带 PINK ZONE、DDS 街舞、ONE 外贸服饰、魔方 KTV、云璟汇港派足浴 SPA、Dg 休闲服饰、Cc 名品店、Q 宠、可可时尚量贩 KTV、Spa 连锁、V 度极品味、德耐特超 B 级锁芯、K 歌鸡王、J.M 简美服饰、时尚 A+、联拓 A 键、绝世 BABY、独品 lc、FACE 尊荣婚纱会馆、AA 发艺、C+铺子、YY 砂锅、LADY 嘎嘎、KISS 蜜、英伦 BABY 宝盒、AILLE 专卖店、SO 精剪派、E 家好便利店、Q 宝贝、波罗的海 BAR、OK 造型、QQ 小博士童装屋、Sunday 饰品、htc 专卖店、vivo 专卖店、one tea 一之味、唐狮 tonlion、JEANSWEST（真维斯）、SEMIR（森马）、Mood 造型、静美轩 SPA、悦君艺术 SPA、静悦轩 SPA、东方水润 SPA、艾维儿美容养生 spa 馆、Bl 形象公社、婧姿美容护肤 spa 养生会所、Best Food 百富烤霸、理想派 Idealist Barlv

2. 纯英文（68 个）：

Jacky's Bar、KICK CITY、Melody、Blue Ice Cafe、ANN-ZOK、TONYMOLY、I LIKE、SEVEN、DRIFTWOOD、HOLY-MOLY、Redlove、KOREA、Sister、What、NONO hairidea、Coffee、M&c、Josfond、Deon、Time road、BANNA BANNA、POLO VILLAE、ONLY BAG、CC&DD、EUROMODA、VIVI DION、So Cozy、JEANS、Eme English、Best、Lock&Lock、YONEX、E+、SOLO、SPEEDO、HOSA、ALDOLA、ABC、UINQUE、Wake up、Panasonic、FAIRWHALE jeans、Swatch、XIDI、ZARA、ROLEX、LADY'S、IT'S ME、Istore、BaLeNo、CAMEL、fairy、MO-MO、Joyful kind、MOST、King、NIKE、adidas、HUGO BOSS、WIGGLE BAR、Paradise bar、Anything is possible、one day（KTV）、Bar The Defender、Prada、Gucci、STARBUCKS COFFEE

3. 汉字+数字（44 个）：

3+1 嘟嘟面铺、8090 发饰沙龙、天曼 79 潮流馆、1860

牛仔世家、1+1欧韩秀、9酷酷酷、36趣时尚涮涮吧、80后主题零食、膜法传奇1853、1981男品、男1号、1989气质源于灵感、96鞋服特卖、衣23、1号店美容美发、Y&M钻石女人、029苏速成产、印象198、20衣巷、369鞋店、21休闲、515超滑油、创意3000、章光101、1+2电池客栈、速8酒店、86度、7天连锁酒店、1+1餐厅、86度、10元踩背、3.28摩登小饼、821便利店、金世元2元超市、13坊、11.9便利店、1∶1∶1餐吧、魅力2000、莫泰168酒店、365优品综合超市、99快捷酒店、都市118连锁酒店、21世纪不动产、8090发饰沙龙

4. 拼音+汉字（8个）：

崔cui、HUITE 惠特、GEYAO 歌谣、QIANMEI 千媚、WEIDAO 味道、MaMa Xiang 冒菜、MEIZU 专卖店、Wei ZHI 专卖店

5. 纯数字（6个）：369、9%、0121、89、108、361°

6. 英文+数字（2个）：X21、SURPRISE100

7. 纯拼音（3个）：LU、NaNa、Lanli

8. 汉字+日文（2个）：神奇の火苗、喜の梅

9. 汉字+英文+数字（6个）：X21 玩聚、A18 衣舍、H2H 衣橱、Str。37 街、2s 外贸服饰、天翼3G 手机至尊店

10. 字母+特殊符号（2个）：M&c、CC&DD

后　　记

　　西安，是一座文化底蕴非常深厚的城市，我在这里生活了四十多年，深深地热爱这座城市。2008年一个偶然的机会，我对西安街头巷尾新奇多样的店名产生了浓厚的兴趣，发现这些店名蕴含了丰富的文化因素，于是用笔记下了很多店名，并对这些店名进行了梳理分析，完成了一篇关于西安店名文化的小文章。之后我分别于2015年和2016年先后申报了两项关于西安店名的科研项目并顺利结题。项目结题以后，我对于西安店名的思考并未停止。店名是一座城市的文化符号，不同时代随着人们商业观念、价值观念和审美观念的变化，西安店铺的命名方式也在不断发生变化。不同时代的西安店名，反映了汉语发展变化的轨迹，反映了西安的经济发展和文化变迁。不同时代的西安店名塑造了西安城市的文化形象，同时西安整体的文化氛围也会对西安店铺命名产生影响，西安的店铺名称与城市文化是双向互动的关系。西安店铺命名在整体上是积极向上、充满正能量的，但也存在少量"不和谐"的名称，在牌匾书写中也存在一些不规范现象。店铺命名是一门艺术，相关管理部门应该引导店家在店铺命名的商业效益最大化和健康高雅的审美追求之间寻求一种协调和平衡。西安店名既有与全国其他城市店名共通的特征，也有自己独特的个性，但是，目前这种个性不太鲜明，还需加强。如何充分挖掘和利用西安深厚的文化底蕴为店铺命名赋能，为城市文化添彩，是一个值得我们认真思考的问题。这本小书的写作既是对以上问题的粗浅思考和回答，也是对自己深爱的这座城市的一种致敬！

本书的正式写作是从去年开始的，断断续续进行了将近两年。西安的夏天，酷暑高温，因为身体原因，我不能吹风扇和空调，所以，坐在电脑前打字时经常能感觉到身上的汗水汩汩而下。西安的秋天和冬天没有过渡，经常在还没有来暖气的时候，气温骤降，我久坐打字，经常手脚冰凉。要真正做好一件事情，必须专注，必须坚持，必须努力，这是我在写作本书时感受最深的一点。

本书所用的店名语料有些是我自己调查所得，有些是组织学生们调查所得。感谢2011级汉语国际教育专业的薛杰夫、贾荣琴、贺阳阳、王庆、史柯、吴阳等同学，感谢2016级汉语言文学专业的余薇、白丽媛、李锴明以及2016级汉语国际教育专业的丁双双、滕世花等同学，感谢2017级、2022级语言学及应用语言学专业研究生杨亚廷和牛雅婷同学，他们做了部分语料的搜集和整理工作，在此对他们一并表示感谢！

感谢西安工业大学文学院程建虎书记对我写作本书的大力帮助和热情鼓励，感谢冯希哲院长对书稿出版的经费支持，

后　记

感谢中国社会科学出版社慈明亮老师的积极推荐，感谢中国社会科学出版社梁世超老师辛勤努力的编辑以及精细高效的工作。最后，也要感谢家人长期以来对我工作的全力支持、理解和帮助。

因为搜集的店名语料有限，加之自己的学识和能力有限，本书中的观点难免会出现偏颇和疏漏之处，真诚欢迎方家批评指正。

宋颖桃

2022 年 12 月